bup
BERLIN UNIVERSITY PRESS

Norbert Walter

Marktwirtschaft, Ethik und Moral

Wie Werte das Vertrauen in die Ökonomie stärken

Berlin University Press

Berliner Reden zur Religionspolitik,
hg. v. Nils Ole Oermann

Norbert Walter
Marktwirtschaft, Ethik und Moral
Wie Werte das Vertrauen in die Ökonomie stärken

Erste Auflage im September 2009

Ausstattung und Umschlag
Groothuis, Lohfert, Consorten | glcons.de
Satz und Herstellung
Bernd Krüger, Berlin
Schrift
Borgis Joanna MT
Druck
Beltz Druckpartner, Hemsbach
ISBN 978-3-940432-59-9

Kapitel 1
Marktwirtschaft – nicht ohne Ethik, nicht ohne Regulierung

I.

Der Bankenverband hat im Mai 2009 – also in Zeiten, in denen die schweren Folgen der Weltwirtschaftskrise in Deutschland voll spürbar waren – mit einer Studie versucht, die Aussage zu belegen, die Akzeptanz der Sozialen Marktwirtschaft hätte sich trotz Wirtschaftskrise stabilisiert.

Das sehe ich nicht. Vielmehr sehe ich die große Gefahr, dass das marktwirtschaftliche System und damit auch die Soziale Marktwirtschaft derzeit unter Artilleriebeschuss durch diejenigen gerät, denen diese große Errungenschaft Ludwig Erhards schon immer ein Dorn im Auge war. Noch im Sommer 2008 feierte Deutschland den 60. Jahrestag der Sozialen Marktwirtschaft. Die Feierlichkeiten waren schon damals gedämpft, das Lob blieb verhalten. Inzwischen ist die Stimmung gänzlich gekippt. Der Zeitgeist ist gegen die Marktwirtschaft.

Dabei ist Marktwirtschaft in den Augen der meisten einfach gleichzusetzen mit Begriffen, die in letzter Zeit immer häufiger zu hören und zu lesen waren: Gier, Bereicherung, soziale Ungerechtigkeit. Die aktuelle Finanzmarktkrise gilt den Kassandrarufern als folgerichtiger

Kulminationspunkt einer entfesselten, immer mehr aus dem Ruder laufenden Marktwirtschaft. Einer Marktwirtschaft, in der die Selbststeuerung versage, die demnach nur noch Gier und Eigensucht kenne, in der der Staat ohnmächtig sei und in der sich folglich niemand um das Allgemeinwohl kümmere.

Dabei ist eines richtig: Die derzeitige Weltwirtschaftskrise, die als Krise an den Immobilienmärkten begann und sich über Transmissionskanäle auf die Finanz- und später auch auf die Realwirtschaft übertrug, hat in erschreckender Weise Schwächen der Marktwirtschaft aufgezeigt. Doch diese Schwächen sind keineswegs neu, sondern lange bekannt und spätestens durch den britischen Ökonomen Adam Smith klar benannt worden.

II.

Adam Smith, Professor für Moralphilosophie, hat über 250 Jahre vor unserer Zeit sein Denken über die ökonomischen Ordnungen mit seinem ersten großen Werk »Theory of Moral Sentiments« begonnen. In diesem opus magnum hat er all das grundgelegt, was man braucht um den »Inquiry into the Nature and Causes of the Wealth of Nations« zu schreiben. Damit konnte er begründen, warum die wettbewerbliche Wirtschaftsordnung gute Ergebnisse liefert. In den »Theory of Moral Sentiments« skizziert Smith seine – wie ich meine, realistische – Sichtweise wie die Menschen sind. Nach Smith ist die Eigenliebe der Motor des menschlichen Verhaltens. Die Eigenliebe ist das, was zur Leistung antreibt. Smith beobachtet, dass diese Eigenliebe natürlich auch entarten und sich extrem egozentrisch entwickeln kann. Auch beobachtet er, dass es eine Art von Eigenliebe gibt, die zur Faulheit degeneriert. Um den Antrieb der Eigenliebe voll zu nutzen, müssen wir Ideen haben, wie wir die Entartung der Eigenliebe möglichst vermeiden, mindestens aber begrenzen. Als erstes nennt er das Mitgefühl. Wir werden in unserer Eigenliebe dadurch unmittelbar und spontan begrenzt, wenn wir denen, welchen wir aus Eigenliebe etwas Negatives zufügen, in die Augen schauen. Wenn man sieht, dass man mit dem, was einem selbst nutzt, einem anderen, der einem im wörtlichen Sinne nahe steht, schadet, wird man dazu neigen, sich selbst die Freiheit, genau dies zu tun, zu verwehren. In der Familie, vielleicht noch im Dorf, ist diese Wirkung des Sich-in-die-Augen-Schauens auf die Korrektur der Handlungsweisen relativ nahe liegend, auch wenn wir wissen, dass es selbst dort nicht immer glückt. Vielleicht ist gerade deshalb das Modell Familie so zäh und erweist sich trotz widriger Umstände als überlebensfähig. Die Familie scheint Diktaturen, lausige Demokratien und alle Sorten von politischen Systemen vergleichsweise intakt zu überstehen. Aber je größer die Gruppen werden – je weiter sie auseinander leben, je anonymer und komplexer alles wird – umso offenkundiger ist, dass Mitgefühl und Nächstenliebe nicht ausreichen, um die Eigenliebe zu zähmen.

In diesem Fall empfiehlt Smith als zweite Schranke für die Vermeidung von Entartungen der Eigenliebe die Ethik. Die Ethik gibt die gesellschaftlichen Antworten auf:

Das tut man, das tut man nicht. Es gibt die Ethik nur dort, wo über diese Frage eine einigermaßen vernünftige Einigkeit und eine gewisse Homogenität der Gesellschaft, der Regeln, besteht. Es kommt nicht nur darauf an, dass es Regeln gibt, vielmehr müssen diese ihrem Charakter nach auch so sein, dass sie eingehalten werden. Eben zu diesem Zweck muss es Belohnungen und Sanktionen geben. Wer sich daneben benimmt, muss die gesellschaftliche Ächtung, Ausgrenzung, das Böse-angeschaut-Werden und Schimpf ertragen. Ethik ist also abhängig von der Homogenität der Gesellschaft und funktionierenden Sanktionen gegen die Nichteinhaltung der Regeln.

Smith hat auch schon vor 250 Jahren gelernt, dass auch diese zweite Schranke nicht ausreicht, Entartungen der Eigenliebe Einhalt zu gebieten. Deshalb schlug er vor, staatliche Institutionen zu etablieren, die Gesetze machen, Gerichte und Polizei schaffen. Mit anderen Worten: Wir haben als dritte Begrenzung ein Rechtssystem etabliert, dessen Gesetze – in einer demokratischen Regierungsform – im Parlament entstehen, sie durch die Exekutive ausführt und die Verhaltensweisen der Individuen schließlich durch die Judikative überprüfen lässt. Diese dritte Schranke wirkt, wenn ein ethisches Postulat wie »Du sollst nicht töten« nicht ausreicht. Die Polizei muss jemanden, der die Regeln nicht akzeptiert, festnehmen oder in die psychiatrische Klinik bringen, wenn er psychisch gestört ist und deshalb für seine Handlungen nicht verantwortlich sein kann.

III.

Das Phänomen der Gier ist also nicht – wie viele Kritiker gerne unterstellen – der marktwirtschaftlichen Ordnung anzulasten. Gier entwickelt sich vielmehr dann, wenn Schranken für die Eigenliebe nicht etabliert sind und ein Ordnungsrahmen nicht existiert.

Zum einen kann das Zusammenwirken auf Märkten nicht ohne eine staatliche Aufsicht funktionieren, zum anderen nicht ohne eine ethische Grundorientierung der einzelnen Marktteilnehmer. Hierzu gehört eine soziale, auf Nächstenliebe basierende Grundeinstellung des Menschen, wie sie beispielsweise im christlichen Glauben fest verankert ist.

Die Marktwirtschaft selbst ist dabei eine ethisch äußerst wertvolle Veranstaltung. Märkte leisten Großartiges. Ich nenne nur drei Punkte:

– **Märkte gewährleisten Freiheit**. Alle Marktteilnehmer können frei und entsprechend ihrer eigenen Pläne agieren. Niemand wird dazu gezwungen, eine bestimmte Leistung zu erbringen, eine Leistung in Anspruch zu nehmen oder ein bestimmtes Produkt zu erwerben. Vielmehr können wir alle frei entscheiden und unserer individuellen Eigenliebe, also unseren Präferenzen entsprechen. Dies steigert das Glück des einzelnen, gewährleistet gleichzeitig aber auch einen sozialen Zusammenhalt, der zum Beispiel durch Konsumzwang oder andere Vorgaben von außen gefährdet würde. Wir als Europäer erleben täglich freie Märkte und nehmen die Nützlichkeit und die damit verbundenen Wahlmöglichkeiten freilich nicht immer wahr.

- **Märkte ermöglichen die bestmögliche Versorgung der Konsumenten**. Nach dem Motto »das Bessere ist des Guten Feind« erzwingt der marktwirtschaftliche Wettbewerb unternehmerische Bestleistungen. Im durchaus rauen Wind des Wettbewerbs können sich die Unternehmen weder die Verschwendung von Ressourcen noch die Missachtung von Kundenwünschen leisten, ohne abgestraft zu werden. Also: wer sich voll einsetzt und aufmerksam auf die Wünsche anderer achtet, wird belohnt. Das heißt Werte beobachten, kalvinistische ebenso wie die der Bergpredigt.
- **Märkte sorgen für Leistungsgerechtigkeit**. Jeder Produktionsfaktor erhält eine Entlohnung, die seinem Beitrag zur Wertschöpfung in der Wirtschaft entspricht. Die Entlohnung auf Märkten ist objektiv und (leistungs)gerecht. Mehr noch: Sie schafft auch Anreize für alle Akteure, möglichst viel zur Steigerung des Wohlstandes anderer beizutragen.

Um den an die Marktwirtschaft gerichteten Erwartungen gerecht zu werden, bedarf es aber mehr. Die Finanzmarktkrise hat gezeigt, dass es eine gute Marktwirtschaft nicht ohne klare, verlässliche Rahmenregeln und auch nicht ohne moralische Selbstverpflichtungen und ohne gesellschaftliches Verantwortungsbewusstsein geben kann.

Dabei kann keines der Elemente – also der Markt, der staatliche Ordnungsrahmen und die moralisch-ethische

Selbstverantwortlichkeit der Individuen – losgelöst voneinander existieren und gleichzeitig erfolgreich sein. Sie bedingen einander. Joseph Kardinal Ratzinger, der heutige Papst, hat dazu einmal treffend bemerkt (Zitat): »Eine Moral, die die Sachkenntnis der Wirtschaftsgesetze überspringen zu können meint, ist nicht Moral, sondern Moralismus, also das Gegenteil von Moral.«

IV.

Eigentumsordnung und effiziente Regeln für den Wettbewerb sind die Grundvoraussetzung für das Funktionieren von Märkten. Der Wettbewerb auf den Märkten entspricht insoweit dem Kräftemessen beim Sport, etwa einem Fußballspiel. Ein akzeptables Ergebnis kann es hier wie dort nur geben, wenn allgemein anerkannte, geeignete Regeln bestehen, an die sich die Akteure auch halten.

Das wichtigste Regelwerk für das Kräftemessen auf den Märkten ist dabei – neben der Eigentumsordnung – das Wettbewerbsrecht. Für Ludwig Erhard und andere liberale Ökonomen seiner Zeit galt das Wettbewerbsrecht als die Magna Charta der Sozialen Marktwirtschaft, weil das Vorteilsstreben der Menschen auch Bestrebungen einschließen kann, sich durch Absprachen mit anderen den Mühen des Konkurrenzkampfes zu entziehen. Dem muss durch geeignete Wettbewerbsregeln entgegengewirkt werden. Dabei geht es etwa darum, Monopole und die Bildung von Kartellen zu verhindern und Konkurse zu-

zulassen. Wichtiger noch ist, den Zugang zu den Märkten offen zu halten.

Adam Smith hat nicht nur über die drei Schranken zur Verhinderung einer Entartung der Selbstliebe geschrieben, sondern auch etwas ganz Neues angedacht, das zu seinem nächsten Buch, den »Wealth of Nations« – wie der Wohlstand der Nationen entsteht – geführt hat: Die Idee des Wettbewerbs. Der Wettbewerb ist ein hervorragender Mechanismus, der bewirkt, dass Menschen, obwohl sie sich selbst lieben, der Welt und der Gesellschaft etwas Gutes tun. Er sagt:

Der Bäcker ist beispielsweise nicht dazu da, das Glück derer, die Brötchen essen, zu mehren. Der Bäcker soll nicht aus Liebe zu einem Kunden gute Brötchen backen – wenn er es tut, ist das okay. Es spricht vieles dafür, dass er gute Brötchen backt, damit er mehr verkauft und Gewinn macht. Der Bäcker backt nicht deshalb die besten Brötchen, weil er seine Kunden so liebt, sondern deshalb, weil er sich selbst liebt. Es ist also der Eigenantrieb des Bäckers, einen guten Gewinn zu erzielen. Wenn es denn so ist, dass dieser Eigenantrieb dazu führt, dass die Kunden morgens die größte Freude an sehr knusprigen Brötchen haben, umso besser für die Welt. Es wäre also richtig, dass wir dem Bäcker nicht zumuten, dass er seine Gemeinde beglücken soll, sondern wir sollten damit zufrieden sein, dass der Bäcker erfolgreich sein will. Und wir sollten beobachten, dass dann, wenn der Bäcker keine Möglichkeit hat, Monopolist zu werden, also im Wettbewerb mit anderen steht, die Wahrscheinlichkeit, dass er wirklich diese wunderschönen knusprigen und vielseitigen Brötchen macht, besonders groß ist.

Fazit: Der Bäcker backt die besten Brötchen also nicht aus Nächsten-, sondern aus Eigenliebe. Der Mechanismus, der ihn dazu bewegt, ist der Markt. Nunmehr ist aber Wettbewerb nicht etwas – wie manche Unternehmer behaupten –, was spontan entstünde.

V.

Der gleiche Adam Smith, der diese skizzierten Wertorientierungen und Erkenntnisse vermittelte, war auch damals schon ein praktischer Mensch. Er schreibt: Wenn zwei Unternehmer sich zum Frühstück treffen, ist die Gefahr groß, dass sie nicht den Markt, sondern ein Kartell etablieren. Mit einer Preisabsprache erhöhen sie ihre Einkommen, dienen aber nicht den Konsumenten. Mit anderen Worten: Man musste Adam Smith nicht sagen, dass deutsche Zünfte nicht die ideale Basis für Marktwirtschaft sind. Er wusste, dass Fürstbischöfe, Könige und Zünfte natürlich dazu neigen, statt für die Konsumenten für sich, die Produzenten, zu sorgen. Es braucht also Wettbewerb. Die staatliche Ordnung muss Sorge tragen, dass diejenigen, die als Unternehmer auf einem Markt anbieten wollen, nicht durch die anderen, die bereits da sind oder durch falsche Regeln daran gehindert werden, teilzunehmen. Es gibt aber nicht nur die staatliche Unterstützung für den Markteintritt derer, die dort anbieten wollen, es braucht auch die staatliche Regelung für den, der anzubieten versucht, aber nichts zustande bringt, keine gute Leistung erwirtschaftet. Denn er sollte nicht im Markt bleiben, sondern ausscheiden: Es braucht also ein Konkursrecht. Das ist bei den meisten Menschen schon viel schwerer vermittelbar, weil es mit Schmerzen, Enttäuschung und Misserfolg verbunden ist. Eine Ordnung anzustreben, in der auch das Ausscheiden aus dem Markt verlässlich geregelt ist, scheint unmenschlich zu sein. Deshalb gibt es so viele Menschen, die dazu neigen, vom Staat stattdessen Schutz, Subventionen und Protektion zu fordern. Wer das aber tut, zerstört den Wettbewerb und damit die segensreiche Wirkung, die sich aus dem freien Marktzutritt und dem Marktaustritt bei Misserfolg logischerweise ergibt.

Die Sicherung des Wettbewerbs obliegt also dem Staat. Er muss dessen Spielregeln festlegen und über deren Einhaltung wachen. Dazu bedarf es eines starken Staates.

VI.

Staatliche Regulierung ist auch dort notwendig, wo es darum geht, negative externe Effekte wirtschaftlicher Tätigkeit, zum Beispiel die Schädigung der Umwelt bei der Produktion, einzudämmen. Hier sind aber oftmals nicht simple Ge- oder Verbote das richtige Mittel. Denn auch in Fall externer Effekte geht es meist nicht um alles oder nichts, sondern um die Abwägung von Alternativen etwa bei Produktionsverfahren. Deshalb haben sich

Maßnahmen als effizienter erwiesen, die unerwünschte Handlungen mit Kosten belegen und sie damit in den Preissteuerungsmechanismus integrieren. Das können Steuern oder besser noch marktwirtschaftliche Lösungen wie die Vergabe handelbarer Emissionszertifikate bewirken. Diese Beispiele zeigen: Für einen guten rechtlichen Rahmen der Marktwirtschaft kommt es auf die Qualität und nicht die Quantität staatlicher Regeln an. Um erneut das Bild des Fußballspiels zu bemühen: Für ein erfolgreiches Zusammenspiel der Akteure kommt es darauf an, dass der Schiedsrichter – also der Staat – nicht selbst am Spiel teilnimmt, sondern die Regeln festlegt, nach denen gespielt wird und überwacht, dass diese Regeln während des Spiels auch eingehalten werden.

Gute Regeln bilden unverzichtbare Leitplanken für das Wirtschaften. Damit die marktwirtschaftliche Arbeitsteilung friktionsfrei erfolgt, bedarf es aber mehr: Das Verhalten der Akteure muss auch transparent und verlässlich sein und diese Verlässlichkeit muss geglaubt werden. Anders gewendet: Es muss Ethik, Moral und Vertrauen geben. Jeder Mensch, jeder der eine Ordnung etabliert und diesen Sachverhalt ignoriert, trägt dazu bei, dass die Welt weniger menschlich und weniger effektiv ist.

VII.

Zunächst zur Moral: Allgemeine Moralregeln helfen mit, verwerfliches Verhalten wie Betrug einzudämmen, und sie tragen zur Fairness des Wettbewerbs bei.

Eine moderne Begründung für diese Überlegungen lässt sich aus den Erkenntnissen der Institutionenökonomik herleiten. Die Institutionenökonomik beschreibt, dass der Austausch von Leistung und Gegenleistung auf den Märkten Kosten, die so genannten Transaktionskosten, verursacht. Verkäufer beispielsweise müssen Kunden für ihr Angebot suchen, was Kosten etwa für Werbung und Vertrieb verursacht. Und auch nach Abschluss eines Geschäftes fallen etwa bei der Kontrolle von Zahlungseingängen Kosten an. Die Transaktionskosten sind dann besonders hoch, wenn im zugrunde liegenden Geschäftsvertrag Leistung und Gegenleistung nur unvollständig spezifiziert werden können. Dies gilt vor allem für Verträge mit langer Laufzeit oder Verträge, die sich auf komplexe, nicht in allen Details vorab festzulegende Leistungen beziehen.

In diesen Fällen kann nur das Grundgerüst des Vertrags fixiert werden; die konkrete Ausfüllung hingegen bleibt offen, um flexible Vertragserfüllung bei unterschiedlichen im Zeitablauf sich wandelnden Erfordernissen zu ermöglichen. Typische Beispiele für solche ihrer Natur nach unvollständigen Verträge sind Arbeitsverträge oder Verträge über Großprojekte etwa im industriellen Anlagenbau. Für den Abschluss solcher Verträge ist Vertrauen und für die Erfüllung, Pflichtbewusstsein, Zuverlässigkeit und Gerechtigkeitsempfinden, kurz: Ethik erforderlich. Ethik und Vertrauen sind – in der Sprache der modernen Wissenschaft – eine Möglichkeit zur Verminderung von Transaktionskosten.

VIII.

Die aktuelle Finanzmarktkrise zeigt, wie wichtig gerade auch Vertrauen für das Funktionieren von Märkten und insbesondere der hochkomplexen modernen Finanzmärkte ist. Die Finanzmarktkrise sollte aber nicht als Beleg für das Scheitern der Marktwirtschaft missbraucht werden. Zwar haben die Finanzmärkte und viele Akteure dort zweifellos versagt. Dieses Versagen geht aber Hand in Hand mit Staatsversagen. Auf den internationalen Finanzmärkten waren in den letzten Jahren viele Regeln und Gesetze, die eine gute marktwirtschaftliche Ordnung konstituieren, nicht etabliert bzw. außer Kraft. Und es mangelte an einer wachsamen staatlichen Kontrolle, die dies hätte erkennen und ändern können.

Trotz der Globalisierung des Finanzsystems sind die Finanzmarktregulierung und mehr noch die Finanzmarkt- und Bankenaufsicht weitgehend national organisiert. Für größere, über die Landesgrenzen hinweg tätige Finanzinstitute bedeutet dies unnötige Kosten, da Aufsichtsprozesse dupliziert werden und unkoordiniert ablaufen, also redundante Berichtspflichten bestehen. Diesen unnötigen Kosten stehen auf Aufsichtsseite nicht einmal zusätzliche Erkenntnisse gegenüber. Im Gegenteil: Der Blick auf Einzelteile einer Finanzgruppe bringt oft keine relevante Erkenntnis. Insofern ist die gegenwärtige Aufsichtsstruktur auch ineffektiv mit Blick auf das Ziel der Finanzaufsicht, nämlich die Wahrung der systemischen Stabilität.

Die Akzeptanz der marktwirtschaftlichen Ordnung

kann dauerhaft nur dann gesichert werden, wenn die Bürger sehen, dass der Staat nicht ohnmächtig gegenüber Wirtschaft und Finanzmärkten ist, sondern die notwendige Steuerungsfähigkeit behält. Es ist daher die Pflicht der Regierungen, konsequent die Schritte zu vollziehen, die aus dem – wohlfahrtsökonomisch sinnvollen – Zusammenwachsen der Finanzmärkte resultieren und die Organisation der Finanzmarktregulierung und der Finanzmarktaufsicht auf internationaler Ebene entsprechend zu stärken. Ebenso wie in anderen Politikfeldern geht es dabei faktisch nicht um einen Souveränitätsverzicht, sondern vielmehr darum, Souveränität durch internationale Regierungszusammenarbeit wiederherzustellen. Nur so kann Finanzmarktstabilität erreicht und gleichzeitig die Zustimmung zu offenen Märkten in einer freien Gesellschaft gesichert werden.

Es ist offenkundig, dass Gesellschaften, die eine gemeinsame Ethik haben, sich besser verstehen, reibungsloser miteinander zurechtkommen, weil es durch die Gemeinsamkeit dessen, was man tut, und dessen, was man nicht tut, zu stillschweigenden, zu impliziten Verträgen kommt, die viele Kosten, Reibereien, ja unnötigen Streit vermeiden. Und die Köpfe und die Herzen und die Hände der Menschen können sich auf andere Aufgaben als das Gegeneinander konzentrieren. Die Leute können neue Produkte entwickeln, sie können Effizienz fördern, sie brauchen sich nicht gegenseitig zu beharken und zu beäugen.

Aber wir wissen auch, dass eine Gesellschaft, die pluraler wird, eine Gesellschaft, die immer globaler wird, die aus verschiedenen Ethnien zusammengesetzt ist, die mit verschiedenen religiösen oder keinen religiösen Hintergründen an ihre Lebensgestaltung herangeht, natürlich dennoch eine Ordnung bilden muss. Damit will ich ausdrücken, dass es in unserer heutigen Zeit sicherlich immer schwieriger wird, eine ethisch basierte Ordnung zu etablieren, als in früheren Gesellschaften, in denen die Menschen im Dorf lebten, in einem relativ homogenen Staat. Wir brauchen also immer öfter einen Rechtsrahmen, der die Regeln festsetzt, und die Nichteinhaltung mit Strafen sanktioniert.

IX.

Um langfristig ein Erfolgsmodell zu werden, braucht die Marktwirtschaft die Akzeptanz der Bürger. Eine bessere Regulierung der Finanzmärkte, insbesondere auch auf EU- und auf internationaler Ebene ist notwendig, damit die Bürger der Marktwirtschaft wieder mehr Vertrauen schenken. Regulierung ist aber nicht hinreichend.

Linke Forderungen nach mehr Staatskapitalismus wird man dabei mit Verweis auf das Scheitern des realen Sozialismus allein nur bedingt den Wind aus den Segeln nehmen können. Vielmehr gilt es, den Bürgern klar zu machen, was es konkret für sie und ihre Kinder bedeutet, wenn der Staat die Wirtschaft massiv unter seine Kuratel nimmt. Die ohnehin hohe Schuldenlast von EUR 19.000, die schon heute auf jedem Bundesbürger lastet, wird durch die derzeit umgesetzten Konjunkturpakete weiter in die Höhe schnellen. Der Mittelstand und die Leistungseliten mögen erwägen das Land zu verlassen und ausländische Investoren werden einen weiten Bogen um Deutschland machen, wenn als Folge ausufernder Staatsverschuldung demnächst eine höhere Abgabenlast eintritt. Notwendig ist es auch, für die Leistungen und Vorteile der Marktwirtschaft offensiv zu werben. Die Marktwirtschaft ist ja nicht nur in der Theorie die beste Wirtschaftsordnung. Auch das real Erreichte kann sich sehen lassen. Es ist ja keineswegs so, dass der Aufschwung der letzten Jahre an den Menschen vorbeigegangen ist, wie immer wieder behauptet wird. Vielmehr haben sich die Lage am Arbeitsmarkt und die soziale Lage in Deutschland insgesamt deutlich verbessert. Es ist nicht nur die Zahl der Arbeitslosen seit der Agenda 2010 um fast 2 Millionen gefallen, auch die Zahl der armutsgefährdeten Menschen ist allein im Jahr 2006 um eine Million gesunken. Die Quote Armutsgefährdeter liegt in Deutschland nennenswert unterhalb des Durchschnitts der EU-Länder – ganz im Gegensatz zu der anklagenden Armutsdebatte, die wohl in keinem anderen EU-Land so lautstark geführt wird.

Fakt bleibt indes, dass die Spreizung der Einkommen in den vergangenen Jahren zugenommen hat. Das resultiert aus dem rasanten technischen Fortschritt, insbesondere der IT-Revolution, und der Globalisierung. Beide Trends haben auf den Faktormärkten die Knappheiten zugunsten von qualifizierter Arbeit und von Kapital verschoben. Diesen Strukturwandel aufhalten zu wollen käme einem Kampf gegen Windmühlen gleich. Bedenklicher noch. Es wäre vor allem unfair gegenüber den aufstrebenden Schwellen- und Entwicklungsländern und deren Arbeitskräften, die viel von der vertieften internationalen Arbeitsteilung profitieren. Und schließlich könnte Deutschland dabei am Ende nur verlieren.

Eine schädliche Auseinandersetzung führen aber auch die Konservativen, die meinen in den Lauf der Globalisierung und das Räderwerk der freien Märkte eingreifen zu müssen, um ihr tradiertes Weltbild zu schützen. Der altväterliche Nationalstaat mit seinen Institutionen kann im 21. Jahrhundert nicht mehr restituiert werden, ohne dass Deutschland wirtschaftlich auf die schiefe Ebene gerät. Angesichts der doppelten Herausforderung durch die Alterung und Schrumpfung der Bevölkerung und die Globalisierung braucht Deutschland verstärkte Erwerbstätigkeit der Frauen. Ebenso brauchen wir mehr Zuwanderung von qualifizierten Kräften. Es gilt alle Möglichkeiten zur Stärkung des Produktionspotenzials zu nutzen. Diese Notwendigkeiten als verfehlte Ökonomisierung aller Lebensbereiche zu kritisieren geht an der Realität vorbei. Fakt ist, Deutschland hat keine Alternative, als sich verstärkt anzustrengen, um im andauernden internationalen Wettbewerb um Investitionen und Arbeitsplätze zu bestehen.

Die Finanzmarktkrise hat diese Notwendigkeit eher noch akzentuiert. Wenn wir jetzt auf die Krise falsch antworten, wirft das dieses Land nur weiter zurück. Die unvermeidlichen Aufräumungsarbeiten werden dann anschließend, wenn wieder einmal Vernunft eingekehrt sein wird, umso mühevoller sein.

X.

Lassen Sie mich aber zum Schluss noch einen Gedanken formulieren und nehmen Sie den bitte von Norbert Walter, Privatmann, an. Es fällt mir außerordentlich schwer, den gesellschaftlichen Anspruch zu akzeptieren, von den *existierenden* Unternehmern zu verlangen, dass sie die künftigen Arbeitsplätze bereitstellen. Und warum? Weil ich nicht sehe, warum nicht jeder einzelne Bürger Unternehmer werden kann. Wir sind nicht als Arbeitnehmer geboren. Mit anderen Worten: Ich glaube, dass die Teilhabe an der Zukunft vor allem dadurch verbessert und gefördert würde und Solidarität und Gerechtigkeit und Freude und Arbeitsstolz dadurch vermehrt werden könnte, indem Sie, wir, Eltern, Unternehmer, Lehrer mehr Menschen in unserer Gesellschaft den Wunsch vermitteln, Unternehmer zu werden und die Kraft geben, dies anzugehen. Ich bin verblüfft, dass wir Deutschen nicht wahrnehmen, dass in den USA beispielsweise dreimal so viele Menschen als hier Unternehmer werden wollen und dreimal so viele Menschen auch tatsächlich Unternehmer werden als bei uns. Ich bin davon überzeugt, dass Menschen aus der Wirtschaft deshalb ihrer Verantwortung auch dadurch ganz besonders gerecht werden, dass sie in mehr jungen Menschen den Wunsch unternehmerisch tätig zu werden, nähren und fördern. Sie sollten Paten werden für diesen Prozess. Das würde solidarische Gesellschaft, Teilhabergesellschaft im viel stärkeren Umfang ermöglichen, als das, was wir typischerweise in unserem

Land durch Umverteilung und ständige staatliche Einmischung, die wir pflegen, und die Gesetze und Institutionen, die wir machen, auf den Weg bringen.

Kapitel 2
Familienwert kontra Börsenwert

I.

In den vergangenen 15 Jahren haben wir in den führenden Industrienationen – vor allem aber in Deutschland – in vielen Bereichen des Wirtschaftslebens eine seit Jahrzehnten nicht mehr gekannte Berg- und Talfahrt erlebt, die zunehmend auch von einer engagierten Wertedebatte begleitet wird. Im Kern geht es dabei um die Frage, ob Kapitalmarktorientierung von Wirtschaft und Gesellschaft zukunftsfähig ist.

Dass diese Debatte gerade auch in Deutschland kontrovers geführt wird, überrascht wenig. Denn die Wirtschaft, ihre Institutionen, ihre Funktionsmechanismen und ihr Wertesystem sind erst in Verlauf der letzten Dekade ernsthaft mit dem Shareholder Value konfrontiert worden. Das verstärkte öffentliche Interesse ist eng verknüpft mit zwei Megatrends des späten 20. Jahrhunderts, nämlich mit der Globalisierung und dem Siegeszug der Aktie als Anlagevehikel auch für breitere Bevölkerungskreise.

Die Globalisierung führte zu wachsendem Wohlstand, und sie schuf neue Lebenswelten. Die rasante Ausbreitung von Computern und Internet brachte neue Möglichkeiten globaler Kommunikation. Durch Fortschritte im Transportwesen, insbesondere die Expansion des Luftverkehrs, wurden Reisen selbst in entfernte Länder für jedermann erschwinglich, und Konsumenten profitierten von einer zuvor unbekannten Fülle des Güterangebots zu attraktiven Preisen.

Für die Wirtschaft selbst bedeutete und bedeutet die Globalisierung eine enorme Herausforderung mit vielfältigen Chancen und Risiken. Der weltweite Abbau von Handelsbarrieren und die technologischen Quantensprünge haben erweiterte Absatzmöglichkeiten auf neuen Märkten in ehemals von der Weltwirtschaft abgekoppelten Regionen wie etwa China geschaffen und für neue Produkte gesorgt.

Zugleich hat die Globalisierung eine Revolution der internationalen Arbeitsteilung ausgelöst. Immer mehr Unternehmen konzipieren, produzieren und verkaufen ihre Waren und Dienste im weltweiten Verbund. Resultat ist aber auch eine immense Verschärfung des internationalen Wettbewerbs. Auf diese Herausforderungen haben sich die deutschen Unternehmen vor allem nach dem Ende des Vereinigungsbooms mehr und mehr eingestellt.

Zu den markantesten Veränderungen im Umfeld der Unternehmen in den 1980er und 1990er Jahren gehörte das Entstehen globaler Finanzmärkte. Damit änderten sich insbesondere auch die Finanzierungsbedingungen. Kapital wurde zur weltweit gesuchten Ressource, und ist es bis heute geblieben.

Für viele Unternehmen erforderte dies eine Neuausrichtung des Zielsystems. Es galt und gilt die Interessen der Kapitalgeber stärker zu berücksichtigen. Der Begriff des Shareholder Value bürgerte sich auch in Deutschland ein. Brüsteten sich Mitte der 1980er Jahre manche Manager auch größerer deutscher Firmen noch damit, den Aktienkurs ihres Unternehmens nicht zu kennen, so konnte sich dies zehn Jahre später kein erfolgsorientierter Wirtschaftsführer mehr leisten.

Die verstärkte Kapitalmarktorientierung der Wirtschaft reflektierte auch einen wachsenden Kapitalbedarf der Unternehmen. Um sich für die Herausforderungen der Globalisierung zu rüsten, starteten viele Unternehmen umfangreiche Investitions- und Restrukturierungsprogramme. Die dafür erforderlichen Mittel wurden zunehmend über die Börse beschafft.

In dem Maße, in dem Aktie als Finanzierungsinstrument immer wichtiger wurde, rückte sie auch mehr und mehr in das Blickfeld der Öffentlichkeit. So erkannten auch in Deutschland immer mehr Privatanleger die Aktie als attraktives Anlageinstrument, nicht zuletzt auch für die eigene Altersvorsorge.

Das zunehmende Interesse der Anleger an der Aktie führte in Verbindung mit dem Hightech-Hype zu kräftig steigenden Börsenkursen. Dieser Trend beschleunigte sich in der zweiten Hälfte der 1990er Jahre deutlich. Dies weckte zusätzliches Interesse an der Aktie. So wurde der Börsengang der Deutschen Telekom – auch dank einer gelungenen Werbekampagne – zu einem großen Erfolg und Deutschland damit zu einem Land der Aktionäre.

Meldungen über Börsenkurse gewannen prominente Plätze auf den Titelseiten der Zeitungen und hielten Einzug in populäre Nachrichtensendungen in Rundfunk und

Fernsehen. Die Auflagenzahlen von Börsenmagazinen schienen wie die Börsenkurse nur einen Weg zu kennen, den nach oben. Der Börsenboom der späten 1990er Jahre begann. Die Kurse der im Leitindex DAX zusammengefassten Aktien verdreifachten sich in weniger als vier Jahren. Noch rasanter ging es mit den Kursen an dem 1997 neu gegründeten Börsensegment für Wachstumswerte, dem Neuen Markt, bergauf.

Dann zerplatzten an den Börsen die Träume der New Economy-Blase. Viele Aktien notierten 2003 nur noch zu einem Bruchteil ihrer Höchststände im Frühjahr 2000. Nach der Hausse kam es zu einer ausgeprägten Baisse an den Börsen.

Mit der Spekulationsblase an den Börsen sind auch die Hoffungen auf einen anhaltenden Wirtschaftsaufschwung zerplatzt, vor allem in Deutschland. Hierzulande nimmt die Wirtschaftsleistung seit mehr als zwei Jahren kaum noch zu. Als Folge der anhaltenden Wachstumsschwäche ist die Beschäftigung eingebrochen und die Arbeitslosigkeit steigt immer weiter. Bei Wirtschaftswachstum und Beschäftigung ist Deutschland Schlusslicht in Europa. Aber auch unsere Partnerländer in der EU und selbst die USA haben markant an Dynamik verloren.

II.

Diesseits und jenseits des Atlantiks hat nicht nur der Einbruch der Börsenkurse, sondern auch der Zusammenbruch von Unternehmen als Folge fragwürdiger und in manchen Fällen illegaler Geschäftspraktiken zu einem erheblichen Vertrauensverlust in die Wirtschaft geführt. Auch die Globalisierung selbst, eine der wesentlichen Triebkräfte des Börsen- und Wirtschaftsbooms der 1990er Jahre, wird spätestens seit den Ereignissen des 11. September 2001 zunehmend in Frage gestellt.

Der überzogene Boom der späten 1990er Jahre, der anschließende tiefe Absturz an den Börsen und die damit verbundene anhaltende krisenhafte Entwicklung in vielen Bereichen der Wirtschaft lassen die Wirtschaft heute in einem anderen Licht erscheinen. Nicht nur an den Börsen hat die Stimmung gedreht. Generell werden die Trends in der Wirtschaft und insbesondere auch die Globalisierung heute mit größerer Skepsis denn je betrachtet.

Die zunehmende Bedeutung der Kapitalmärkte im Gefolge der Globalisierung habe zu einem Imperialismus wirtschaftlicher Prinzipien und zu einer Verdrängung menschlicher Werte geführt, heißt es. In immer mehr Lebensbereichen würden nur noch die Gesetze des Marktes dominieren und das Handeln der Akteure bestimmen. Der Mensch werde nicht nur am Arbeitsplatz, sondern zunehmend auch in anderen Lebensbereichen wie etwa der Familie nach seinem Beitrag zum materiellen Wohlstand gemessen. In einer Gesellschaft, die sich zunehmend zu einer Ellenbogengesellschaft wandle, bliebe die Menschlichkeit mehr und mehr auf der Strecke. Damit gehen Bedenken einher, dass vor allem die sozial schwachen und benachteiligten Gruppen, also jene, die im Fokus christlicher Nächstenliebe stehen, ohne Chancen bleiben.

Die Politik ziele immer weniger auf sozialen Ausgleich und diene immer mehr den Interessen der Wirtschaft, heißt es. In den Unternehmen sei eine Abkehr von dem partnerschaftlichen Verhältnis zwischen Arbeitgebern und Arbeitnehmern, wie es für die Arbeitswelt in Deutschland über Jahrzehnte prägend gewesen sei, zu beobachten. Stattdessen breite sich mit dem Shareholder-Value-Gedanken eine neue Form eines Manchester-Kapitalismus in Deutschland aus. Damit ist eine einseitige Ausrichtung des unternehmerischen Handelns am Börsenwert gemeint, der alle anderen Ziele bedingungslos untergeordnet würden. Die einseitige Orientierung an den Kapitalmärkten nach dem Shareholder-Value-Konzept verleite die Unternehmensleitungen zur Kurzsichtigkeit und untergrabe das traditionelle Verantwortungsbewusstsein der Unternehmen, wird behauptet.

Ist der Börsenwert tatsächlich das Maß aller Dinge und ausschließliche Triebkraft für das Handeln von Wirtschaft und Politik in unserem Land? Ist der Markt ein Moloch, dessen wir uns unserer nachhaltigen Zukunftsfähigkeit und der Menschlichkeit wegen erwehren müssen?

III.

Richtig ist, dass der Shareholder-Value-Ansatz auch in Deutschland enorm an Bedeutung gewonnen hat. Dies reflektiert den Bedeutungszuwachs großer Kapitalsammelstellen und den intensivierten Wettbewerb der Unternehmen um die Gunst der (großen) Anleger, der Versicherungen, Investmentfonds und Pensionsfonds bzw.

Pensionskassen. Deren Aktienvermögen ist in Deutschland von rd. 23 Mrd. Euro im Jahr 1991 auf 180 Mrd. Euro im Jahr 2000 gestiegen. Und das Gewicht der institutionellen Anleger wird weiter wachsen, zumal das institutionelle Sparen wegen der Notwendigkeit vermehrter privater Altersvorsorge in Zukunft immer wichtiger wird.

Die Großinvestoren stellen hohe Forderungen an die Rentabilität der großen Aktiengesellschaften, deren Aktien sie im Portefeuille halten, d.h. sie fordern Shareholder Value ein. Die Unternehmungen werden einem ernsthaften und transparenten Quervergleich über Branchen und Länder hinweg ausgesetzt. Aktien von Großunternehmen, die ihre Kosten nicht im Griff haben oder wenig überzeugende Geschäftsstrategien verfolgen, werden in den Portefeuilles nicht oder nur mit geringem Gewicht berücksichtigt. Folge ist, dass der Aktienkurs der weniger erfolgreichen Unternehmen sinkt. Auf diese Weise disziplinieren die internationalen Kapitalmärkte die Unternehmensführungen.

Dieses Verhalten der institutionellen Investoren, ihr Streben nach hoher Rendite, ist nicht moralisch verwerflich, sondern systemimmanent und sachgerecht. Schließlich handeln die Investmentgesellschaften und Versicherungen im millionenfachen Interesse der Bürger, ihrer Kunden, die eine sicher und gut verzinste Vermögensanlage einfordern.

Aus ökonomischer Sicht ist die Renditeorientierung der Anleger sogar unabdingbar für eine möglichst effiziente Kapitalverwendung in der Volkswirtschaft. Funktionsfähige Kapitalmärkte sorgen dafür, dass das Kapital zu den produktivsten Unternehmen gelangt und erschweren bzw. verhindern so eine Verschwendung von Ersparnissen. Hier liegt einer der Gründe für das seit vielen Jahren höhere Wachstum der US-Wirtschaft mit ihren leistungsfähigen Finanzmärkten.

Freilich hat das prinzipiell überlegene System der Kapitalmarktsteuerung in der Praxis der vergangenen Jahre durchaus auch Schwachstellen offenbart. Dafür stehen die Stichworte Enron und Worldcom. In Deutschland konnten manche der Versuchung des schnellen Geldes ja ebenfalls nicht widerstehen. Auch bei uns gab es als Folge fragwürdiger und in Einzelfällen auch illegaler Geschäftspraktiken spektakuläre Unternehmenszusammenbrüche, wenn auch nicht in der Größenordnung und Tragweite wie in den USA.

Aber es geht nicht nur um Fehlverhalten. Vielmehr ist zu fragen, ob der marktgetriebenen Unternehmensführung nicht doch die Gefahr einer kurzatmigen, riskanten Geschäftspolitik – etwa einer unternehmerischen Expansionspolitik um (fast) jeden Preis – innewohnt. Das heißt zu prüfen, ob solche Fehlentwicklungen nicht durch falsche Anreize und Signale des Systems begünstigt werden. So deuten die Erfahrungen in den USA etwa darauf hin, dass die dort in der Vergangenheit mitunter übliche enge Koppelung der Analystengehälter an den Geschäftserfolg ihrer Geschäftsabteilungen kein sinnvoller Weg war.

Zweifellos ist das Festhalten an eigenständiger und langfristiger Unternehmenspolitik für die Unternehmen nicht leicht, wenn der Druck eines übergroßen Einflusses von Finanzanalysten und Rating Agenturen besteht. Klar ist aber auch: Nicht Analystenmeinungen sollten den unternehmerischen Kurs bestimmen, sondern strategische Entscheidungen des Vorstandes. Er ist in der Verantwortung.

Systemische Schwächen, wie sie teilweise in der US-Rechnungslegung und im US-System der Bilanzprüfungen (Mangel an Unabhängigkeit der Prüfer) zu Tage getreten sind, müssen beseitigt werden. Mit dem Sarbanes-Oxley-Act haben die USA dazu schon wesentliche Schritte unternommen. In Deutschland sind die Probleme anders gelagert. Das deutsche Corporate-Governance-Modell mit seiner Trennung von Entscheidungsorgan (Vorstand) und Kontrollgremium (Aufsichtsrat) ist im Grundansatz dem US-System (einheitlicher Board von aktiven und passiven Mitgliedern) vorzuziehen. Gleichwohl besteht in Deutschland ebenfalls Reformbedarf. So gilt es etwa, Professionalität und Effizienz des Aufsichtsrates zu verbessern und die formale Trennung von Aufsichtsrat und Geschäftsführung auch effektiv zu sichern.

Deutschland kann sich der Entwicklung an den internationalen Finanzmärkten nicht verschließen. Das wäre unsinnig. Daher ist und bleibt der Sharehoder-Value-Gedanke richtig und wichtig. Mit Leben erfüllt steht dieser Ansatz moderner Unternehmensführung keineswegs im Gegensatz zu ethischen Werten. Denn es geht eben nicht um die Maximierung des Profits im nächsten Quartal. Gefordert ist eine längerfristige Steigerung des Unternehmenswertes. Es geht um Nachhaltigkeit – einen Begriff, der in der Wertedebatte eine große Rolle spielt.

Langfristorientierung schließt ausreichende Berücksichtigung der Interessen aller Bezugsgruppen des Unternehmens (Stakeholder) zwingend mit ein. Natürlich gibt es Interessengegensätze zwischen den Unternehmen und den Kunden (z.B. bei Produktpreisen) und zwischen den Kapitalgebern und den Mitarbeitern (z.B. bei Lohnhöhe). Die Konflikte lassen sich aber mit Hilfe von Märkten sachgerecht lösen. In übergreifender Betrachtungsweise überwiegen die Synergien: der Unternehmenswert steigt mit der Motivation der Mitarbeiter und dem Vertrauen der Kunden.

IV.

Viele Kritiker meinen freilich die Marktwirtschaft und ihre Mechanismen, wenn sie das Shareholder-Value-Prinzip und die Übermacht der Finanzmärkte als unmoralisch anprangern. Sie sehen sich durch die Entwicklungen der letzten Jahre in ihren Vorbehalten gegenüber den Märkten bestätigt. Doch anstatt die Schuld grundsätzlich als Systemfrage zu formulieren, sollten Kritiker einsehen, dass letztlich nicht die Konzentration auf materielle Werte die Hauptursache der derzeitigen Krise war, sondern vielmehr das Fehlen von immateriellen Werten. Diese können aber nicht durch den Staat geschaffen und gesichert werden, wie viele der jetzt aufspringenden Staatsgläubigen vorbringen. Es ist vielmehr Aufgabe der Gesellschaft, eine Rückbesinnung auf grundlegende Werte und die sie prägende »Zelle«, die Familie, zu erreichen. Denn nur dort können Werte verlässlich entwickelt und weitergegeben werden.

Ich möchte mit Martin Luther an das Thema Familie herangehen: »Und selbst wenn morgen die Welt unterginge, würde ich heute einen Apfelbaum pflanzen.«

Ich möchte, dass Familien die Fackeln der Zukunft sind, dass wir begreifen, dass Familie der Weg ist, den wir Menschen haben, um der Ewigkeit die Hand zu reichen, um die Zukunft ernst zu meinen, und dass wir, die wir das Glück hatten, in einer intakten Familie zu leben, aus einer solchen Familie zu stammen, dass wir das Glück, die Chance, das wunderbar Ewige, das daran ist, dass wir das möglichst vielen anderen vermitteln, dann ist der Rest Formsache.

Zur Familie gehört verlässliche Partnerschaft, und dazu gehören Mann und Frau. Familie ist das erfolgreichste Modell, das die Zivilisationsgeschichte hervor brachte. Das bedeutet nicht, dass es keine anderen Modelle gibt, und es bedeutet nicht, dass es keine Toleranzpflicht für andere Modelle gibt. Aber wir sollten wagen zu sagen, dass Kinder eine bessere Entwicklungschance haben, wenn es Vater und Mutter gibt. Wenn wir das nicht postulieren und dann auch leben, werden wir die vielen anderen Dinge nicht begreifen und erledigen können.

Es gibt einen Ökonomen, der ebenso Philosoph war, der mir über Nachhaltigkeit, und über das, was auf Dauer erfolgreich ist, mehr vermittelte als andere. Es ist jemand, der in der heutigen Zeit keinen guten Ruf genießt. Es ist Friedrich von Hayek. Er sagte: Keine Gesellschaft wird erfolgreich überleben, die nicht drei Prinzipien ernst nimmt: family, private property und honesty. Familie, privates Eigentum und Aufrichtigkeit.

Ohne diese Prinzipien wird keine Gesellschaft auf Dauer erfolgreich sein. Wir haben in unserem Land sehr viel und lange über Nachhaltigkeit gesprochen und dabei nahezu ausschließlich die Umweltorientierung gemeint und entsprechend gehandelt. Wir sind heute in Umweltfragen besser für die Zukunft aufgestellt, weil wir uns diesem Thema vor über 30 Jahren mit großem innerem Engagement und mit viel gesellschaftlicher Kraftanstrengung zugewandt haben. Es wäre wunderschön, wenn wir neben der Nachhaltigkeit im Umweltsinne auch eine ähnlich engagierte, tiefgründige Debatte und ebenso viele Ansätze für Nachhaltigkeit im Ökonomischen auf den Weg gebracht hätten. Wir wären ein Stück weiter. Die Voraussetzungen für die Nachhaltigkeit im Ökonomischen liegen aber in der Nachhaltigkeit im Gesellschaftlichen und im Humanen. Hier bin ich ganz Hayekianer.

V.

Deutschland – und auch eine Reihe anderer kontinental-, mittel- und osteuropäischer Länder sowie einige andere Gesellschaften haben der Nachhaltigkeit im Gesellschaftlichen bereits seit langer Zeit – wir seit über 35 Jahren – keine angemessene Bedeutung mehr zukommen lassen. Das führt zu einer Nachfolgegeneration, die nur noch zwei Drittel der Besetzungszahlen der letzten Generation aufweist. Wir haben nur noch etwa zwei Drittel der Gesellschaft für die nächste Generation bereitgestellt. Die Bildungsbürger dieses Landes verweigern sich der Ewigkeit noch entschlossener als die Gesellschaft insgesamt. 40 % der akademisch gebildeten Männer dieses Landes bekommen keine Kinder, und fast ebenso viele akademisch gebildete Frauen (35 %) bekommen keine Kinder. Unser Land ist gleichzeitig auch ein Land, in dem der Bildungshintergrund der Eltern in stärkerem Maße die Bildung der Kinder prägt, als in anderen Ländern. Mit anderen Worten: das Defizit an Kindern für deutsche Bildungsbürger, sorgt in dramatischer Weise für den Mangel an qualifiziertem Nachwuchs in unserem Land. Dieser dramatische Befund wird in einem Land, das Exportweltmeister ist, und das seinen Wohlstand in entscheidendem Maße aus dem Bestehen im internationalen Wettbewerb – als Wissensgesellschaft – ableitet, dafür sorgen, dass sich die Wettbewerbssituation für unsere Gesellschaft dramatisch verschlechtern wird.

Man könnte meinen, dass ich jetzt über Deutschland im Vergleich zum Jemen oder einem anderen muslimischen oder Entwicklungsland rede. Nein. Ich spreche über die gesellschaftliche Wirklichkeit direkt neben uns – auf der anderen Seite des Rheins oder in Skandinavien.

Während wir 1,3 Kinder pro gebärfähiger Frau haben – und noch weniger für die Bildungsbürger – haben unsere französischen Nachbarn 1,9 Kinder pro gebärfähiger Frau, die Engländer etwa ebenso viel, und die Skandinavier nur wenige weniger.

Auch dort ist es richtig, dass Bildungsbürger nicht so viele Kinder haben wie der Durchschnitt. Und auch dort entsteht deshalb in der nächsten Generation ein Problem, ein Defizit an Qualifikation, das natürlich im Wettbewerb mit der Welt relevant ist.

In unserem angrenzenden europäischen Nachbarland, der Türkei, haben wir im Durchschnitt 2,19 Kinder pro gebärfähige Frau. Die Türkei, mit gut 75 Mio. Menschen so groß wie unser Land, hat zweieinhalb Mal so viele Kinder wie Deutschland. Das ist ganz nahe an Europa. Das ist nicht mehr, wie es bei Goethe noch war, dort hinten, fern in der Türkei, das ist ganz nahe an Europa. Ich wünschte mir, die Türkei ist bald innerhalb der Europäischen Union. Aus Eigeninteresse.

VI.

Die Herausforderung wird aber noch größer, wenn wir daran denken, dass die USA, über 2,2 Kinder pro gebärfähige Frau hat. In den USA ist die typische Familie eine Familie mit drei Kindern. Dort gibt es soziale Lerneffekte durch Geschwister. Sehr viele unserer Kinder können das, was man spontan als Geschwister lernen kann, nicht mehr lernen. Entsetzlich. Denn Geschwister fördern Lebenstüchtigkeit in besonderer Weise. Wenn immer nur Erwachsene um Kinder herum sind, ist das eine Tortur. Vor allem für die Kinder.

Die USA sind ein reiches, entwickeltes Land. Die Zahl der Kinder ist hoch. Durch Länder, die Kinder ernst nehmen und die in Zukunft über die Ausbildung dieser jungen Menschen eine außerordentlich wettbewerbsfähige

Arbeitskräfteschar verfügbar haben, sind wir international herausgefordert. Das zu den allerwichtigsten Fakten.

Die Anzahl der Arbeitskräfte, die wir Deutsche, aber auch andere Kontinentaleuropäer zwischen heute und 2025 haben, können durch Veränderungen der Geburtenhäufigkeit ab heute nicht mehr gesteigert werden. Das ist verlässlich zu sagen. Welche Schlussfolgerungen ziehen wir aus diesem Befund?

Es ist offenkundig, dass alle Register gezogen werden müssen, um dieser Herausforderung zu begegnen. Aber heute wollen wir uns auf ein Thema konzentrieren. Das Thema »Rolle unserer Gesellschaft und unserer Unternehmen für Familienfreundlichkeit«.

Wir dürfen z. B. nicht mehr zulassen, dass Ingenieure vor dem 70. Lebensjahr verrentet werden, weil wir sonst zwischen jetzt und 2025 permanent reduzierte Ingenieurzahlen in unseren Betrieben haben. Wenn Ingenieure wichtig für unsere Wettbewerbsfähigkeit sind, können wir uns nicht erlauben, dass diese Leute in Rente gehen. Um dies wirtschaftlich sinnvoll so zu gestalten, muss eine Großoffensive für Weiterbildung gelingen.

Die großen Unternehmen versagen in der Frage der Weiterbildung ganz besonders. Die Forderung nach Weiterbildung spielt für die nächsten 15 Jahre eine wichtige, zentrale Rolle. Wir alle müssen dafür sorgen, dass wir gesund bleiben, damit das Ganze auch geht. Natürlich können Ingenieure mit 70 Jahren nicht mehr so viele Stunden arbeiten, wie sie mit 50 Jahren noch arbeiten können. Aber das ist nicht unser heutiges Thema.

VII.

Wir brauchen Familienfreundlichkeit aus mehreren Gründen für das nachhaltige Wachstum. Wir brauchen sie deshalb, weil wir glücklicherweise unsere jungen Frauen mindestens gleich gut wie unsere jungen Männer ausgebildet haben. Wir sollten diesen Schatz an menschlichen Fähigkeiten möglichst umfassend nutzen. Erstens natürlich, um dem Anspruch auf Verwirklichung des eigenen Ich bei Frauen zu entsprechen. Und zweitens deshalb, weil wir ohne diesen großen Schatz an Humankapital virtuos einzusetzen, der Reduktion der Zahl qualifizierter Arbeitskräfte überhaupt nicht entgehen können.

Wie kann jemand, der gerade eben beklagt hat, dass wir nur 1,3 Kinder pro gebärfähige Frau haben, der erhöhten Erwerbstätigkeit von Frauen das Wort reden? Ich kann. Es geht! Es geht viel besser, als diese Republik wahrzunehmen bereit ist. Schauen wir uns bitte um, wie die Erwerbsquoten in anderen Ländern mit höheren Geburtenzahlen aussehen. Wir stellen fest, dass es in vielen Fällen so ist, dass höhere Erwerbsquoten von Frauen und höhere Geburtenzahlen Hand in Hand miteinander gehen und es nicht so ist, dass eine verminderte Erwerbstätigkeit zu höheren Geburtenzahlen führt. Italien und Spanien sind ganz besonders weit hinten in beiden Charakteristika. In den USA ist die Erwerbstätigkeit von Frauen nennenswert höher, ebenso in Frankreich und England.

Nicht jedes internationale Modell ist nachahmenswert. Es spricht einiges dafür, dass wir die Rechte der

Kinder als erstes in außerordentlicher Weise zu beachten haben und es ist offenkundig, dass in der ersten Lebensphase die erste Bezugsperson, die Mutter, von ganz besonderer Bedeutung ist. Viele Länder, andere als Deutschland, haben dies nicht ernst genommen und damit nicht zum Gelingen der sozialen Entwicklung von Kindern beigetragen. Es ist wahrscheinlich, dass das Abnabeln der Mutter vom Kind nach vier Monaten oder gar früher nicht ideal ist. Es spricht einiges dafür, dass zwischen dem Alter von ein und zwei Jahren die Möglichkeit für ein Kind existiert, ohne Schaden für die Persönlichkeit andere Bezugspersonen als Betreuungspersonen kennen und schätzen zu lernen.

Gesellschaftspolitik und Unternehmen sollten auf diese Herausforderung eingehen. Das bedeutet Vielfältiges: es bedeutet Elterngeld; es bedeutet aber auch, dass, wenn die Anwesenheit einer jungen Frau im Betrieb für ihre Karriere und für das Unternehmen wichtig ist, die Möglichkeit zur Nähe zum Kind im Betrieb gewährleistet sein muss. Das heißt, wir werden uns, wenn wir Frauen kurz nach der Geburt im Unternehmen halten wollen, um das Stillzimmer kümmern müssen. Es spricht vieles dafür, dass die außerordentlichen Qualifikationen, die Frauen für unsere Unternehmen haben, so virtuos genutzt bleiben sollen, dass wir auch solche Überlegungen ernsthaft erwägen müssen.

Wir brauchen in unserer Gesellschaft aber auch die Neugierde und Offenheit, die Modelle anderer Länder wahrzunehmen. Es ist offenkundig, das die Einbeziehung der dritten Generation nicht nur möglich ist, sondern als eines der wichtigsten Elemente für die Möglichkeit, dass zwei Erwachsene in einer Familie berufstätig sein können, bereits verwirklicht ist. Dies geht selbst in der Nähe von großen Städten. Es bedeutet nicht, dass man in einem Haus wohnen muss. Obwohl das natürlich vieles erleichtert. Die Einbeziehung der dritten Generation ist ein wichtiger Teil der Verbindung von Karriere und Familie.

VIII.

Wir in Deutschland müssen auch lernen, dass nach einiger Zeit beispielsweise Au-pair-Mädchen eine sachgerechte Antwort für die Betreuungsaufgabe sind. Es ist nicht einzusehen, warum das in den USA, in England und Frankreich eine große Bedeutung hat und bei uns fast schon gesellschaftliche Ausgrenzung bedeutet. Nur in sehr bildungsnahen Gruppen wird diese Lösung akzeptiert. Das darf so nicht bleiben.

Warum habe ich das gesagt? Deshalb, weil die privaten Antworten – einschließlich der Nanny – für das, was wir vor uns haben, dringend ernsthaft angedacht und angegangen werden muss. Wir können in Deutschland mit unseren Gewerkschaften und mit unseren Organisationen, die sich für Kinderbetreuung einsetzen, nicht erwarten, dass die individuelle Flexibilität für die Notwendigkeit der Betreuung, demnächst angeboten wird. Ich wünschte mir zwar, dass es auch in diesen Einrichtungen großartige Flexibilität gäbe, aber wenn man sieht, welche Tarifabschlüsse getätigt werden und wie sich die Menschen bei der Erhöhung der Arbeitszeit im öffentlichen Dienst von 38,5 auf 39 Stunden aufgeführt haben, ist die erforderliche Flexibilität bei öffentlichen Einrichtungen und in Tarifverträgen auch demnächst nicht zu erwarten. Dies ist kein Land, in dem die Notwendigkeiten, die unsere demographische Veränderung auslöst, auch nur annähernd begriffen bzw. umgesetzt werden. Wir brauchen entsprechend individuelle und betriebliche Lösungen, weil die Gesellschaft sich nicht so schnell bewegt, wie es nötig wäre, um den zuvor skizzierten Herausforderungen zu entsprechen.

Die Unternehmen werden sich erst dann familienfreundlich aufstellen, wenn McKinsey es ihnen vorschlägt. Es ist schade, dass man so teure Gutachten braucht, um etwas so Selbstverständliches auf den Weg zu bringen. In Zukunft werden wir uns wegen des Schatzes an Frauen, die qualifiziert ausgebildet sind, familienfreundlicher zu verhalten haben oder wir werden unternehmerisch nicht erfolgreich sein. Wenn wir aber erfolgreich sind, im Sinne der höheren Beschäftigung von Frauen, und gleichzeitig gesellschaftlich familienfreundlich sein wollen, d. h. mehr Kinder haben, müssen wir auch private Lösungen für die Kinderbetreuung bieten.

Die Kinderbetreuung ist zu Beginn besonders schwierig. Es ist klar, dass wir mehr Krippenplätze und mehr private Betreuung für Kinder im Alter unter drei Jahren brauchen. Am besten ausgestattet sind wir Deutschen derzeit mit Kindergartenplätzen. Hier müssen wir am wenigsten zusätzlich tun, auch die Betriebe müssen in nur wenigen Fällen noch Zusätzliches erbringen. Wir sind aber immer noch nicht virtuos genug, in der Betreuung jener Kinder, die das Schulalter erreichen. Ich beobachte, da ich in diesem Geschäft nicht nur rede, sondern auch arbeite, dass wir derzeit keine fertigen Antworten haben, wir diese Antworten aber brauchen. An dieser Stelle werden dann nicht nur die Frauen und ihre Flexibilität wichtig sein, sondern wir brauchen dann auch die Männer, die in dieser Zeit flexibel für Kinderbetreuung mit zur Verfügung stehen. Ich bin davon überzeugt, dass wir die Bereitschaft von Vätern, die Betreuung von Kindern zu übernehmen, unterschätzen. Wir sollten gerade dann, wenn es um die Begleitung von Schulkindern geht, neben der Mutter auch den Vater ganz bewusst in unser Kalkül einbeziehen.

An dieser Stelle gibt es zuerst einmal den virtuosen Einsatz der Teilzeit. Wir werden in Zukunft sehr viel öfter Teilzeitbeschäftigte sein. In den verschiedensten Formen. Und wenn ich über Teilzeit rede, dann rede ich meistens über andere Modelle, als die, die heute diskutiert werden. Bei uns ist Teilzeit etwas, das sich unter 20 Stunden Arbeitszeit bewegt. Ich spreche aber von anderen Stundenzahlen. Und ich meine auch, dass wir unsere Vorstellung von der Normalarbeitszeit von 40 Stunden lösen sollten. Die Arbeitnehmer dieses Landes sollten zeitsouverän werden. Wir sollten Arbeitszeitkonten haben, in denen wir dann unsere Zeit einbringen, wenn wir sie aus der Betreuungssituation heraus einbringen können und wenn sie von Kunden abgefragt und gebraucht werden. Wir können viel virtuoser dabei sein, als das derzeit der Fall ist.

Wir arbeiten nicht mehr in der Kaserne. Wir arbeiten nicht mehr am Fließband. Diese Republik diskutiert Arbeitsgestaltung als ob die Leute immer noch hauptsächlich auf dem Kasernenhof beschäftigt wären oder am Fließband. Diese Karikatur ist eine von Ideologen gewollte. Die Wirklichkeit ist vielfältiger. Wir arbeiten nahezu alle in Dienstleistungsberufen. Wir arbeiten alle am PC. Die Frage, warum wir alle orts- und zeitgleich anwesend sein sollen, um unsere Aufgaben zu erledigen, ist durch die Verankerung in einer Industriegesellschaft, die am Fließband steht, geprägt. Das ist aber nicht die heutige betriebliche Wirklichkeit. Diejenigen, die in Leitungsfunktionen tätig und die häufig am Kunden sind, sind nur noch selten im Büro und können dennoch ein Unternehmen virtuell leiten.

Ich habe 17 Reporting-Lines. Ich bin eineinhalb Tage pro Woche im Betrieb. Ich brauche kein E-Government für Human Resources. Ich führe meine persönlichen Gespräche immer noch. Das geht. Mit heutigen technologischen Mitteln sind nach meiner Einschätzung die Verbindung von Kunden- und Mitarbeiterkontakt und Kontakt mit der Familie und das »Für Kinder-verfügbarsein«, in viel stärkerer Weise kombinierbar als jemals in unserer Vergangenheit. Wir können in vielen Fällen den kombinierten Herausforderungen auf effektives Wirtschaften und Familienfreundlichkeit durch interessante Kombinationen von Remote-Arbeiten sowie Arbeiten im Büro oder in der Fabrik entsprechen.

Ich selber hatte es in meinem Betrieb sehr leicht, mich an diese Aufgabe für Familienfreundlichkeit zu gewöhnen, weil ich in einem Forschungsbetrieb immer neue Leute aus der Universität brauche. Ich habe immer damit auskommen müssen, dass Leute bei mir schon arbeiten, obwohl sie noch studieren, oder dass sie bei mir arbeiten, obwohl sie gleichzeitig promovieren. Oder dass sie bei mir arbeiten, obwohl sie gleichzeitig habilitieren. Wer mit Menschen zurecht kommt, die gleichzeitig arbeiten, sich aber noch in der Ausbildung befinden, der kann auch dann, den- oder diejenige die Mutter oder Vater wird, zeitweise entbehren und/oder von zu Hause beschäftigen, statt ihn/sie im Büro zu halten. Wir sind nicht virtuos genug, in der virtuellen Welt, in der wir faktisch leben, unsere betrieblichen und familiären Dinge zu organisieren.

Wichtig ist Kreativität und das sehr bewusste Einbeziehen, die Aufforderung an die Mitarbeiter, die Modelle, die wir verwirklichen, ihrerseits zu identifizieren, ihrerseits zu entwickeln. Der Chef weiß nicht, was die ideale Konfiguration für einen Mitarbeiter, eine Mitarbeiterin ist. Die Mitarbeiterin/der Mitarbeiter muss mit konstruktiven Vorschlägen, die das Interesse der Teamkollegen ebenso berücksichtigt wie das der Kunden, kommen, und mit diesen Vorschlägen beginnt dann eine Diskussion und draus ergeben sich gute Antworten für die Arbeitsgestaltung.

Es kam ein junger Mann aus Hamburg zu mir und wollte zwei Tage für mich in Frankfurt arbeiten. Warum wollte er das? Weil er das Fußballspiel mit seinem Hamburger Fußballverein nicht aufgeben wollte. Dazu habe ich nein gesagt. »Ich helfe Ihnen, in Frankfurt einen ordentlichen Fußballverein zu finden«.

Nicht jede Flexibilität ist eine, die man bedienen kann. Es bedarf der Vorschläge, die man sich selbst und seinen Kollegen gegenüber verantworten kann, und mit denen Kunden immer noch verlässlich zufrieden gestellt werden können.

Es kommt darauf an, dass Betriebe ihr Eigeninteresse endlich erkennen. Das ist der Punkt, von dem ich sicher bin, dass er am Ende nach all dem guten Zureden der einzige sein wird, der verlässlich wirkt. Ich bin so froh, dass wir immer noch so viele Male-Chauvinists in unseren Betrieben haben. Warum? Weil wir noch ein paar Betriebe brauchen, die verlieren müssen. Wir sollten jenen, die nicht begreifen, dass es dieser besonderen Anstrengung zur Familienfreundlichkeit bedarf, entspannt sagen, dass sie ruhig so weiter machen sollen: Sie werden gnadenlos abgestraft. Und es wird viel schneller gehen, als sie sich klar machen. Und wir sollten darüber gar nicht laut reden. Am Besten tuscheln.

Bei meinen Versuchen, den Amerikanern nahe zu bringen, dass sie sich bitte um die Umwelt kümmern sollen, habe ich gelernt, dass es völlig nutzlos war zu predigen. Schließlich habe ich den Amerikanern gesagt, dass ich sie dazu beglückwünsche, dass sie immer noch diese Autos entschlossen weiter bauen, mit denen man 20 Liter pro 100 Kilometer braucht. Denn auf diese Weise schmilzt unser Vorsprung, unser Forschungs- und Entwicklungsvorsprung bei der Autoproduktion nicht.

Und wir sollten noch etwas Pfiffiges tun. Ich stamme aus einer Familie mit vielen Kindern. Ich selber habe zwei erwachsene Töchter. Ich rate allen Aktivisten für Familienfreundlichkeit: Versuchen Sie nicht, dauernd im Gegenwind zu arbeiten. Identifizieren Sie, welche Leitungspersonen in Ihren Einrichtungen, männlich, mit erwachsenen Töchtern ausgestattet sind. Nachdem Sie das festgestellt haben, wissen Sie, mit wem Sie für die Frage, die wir hier erörtern, zusammenarbeiten müssen.

Kapitel 3
Deutschland ohne Wahl – kein Aufschwung ohne Werte

I.

Meine sehr verehrten Damen und Herren,

zuerst einmal: der Gottesdienst vor dieser Veranstaltung war wunderschön. Und alle diejenigen, die nicht dabei waren, sollten sich vornehmen, dieses wunderschöne Gotteshaus, die Deutschherrenkirche, zu besuchen, denn dort geschieht Gemeinschaft untereinander und Gemeinschaft mit Gott. Und in diesem Umfeld, mit dieser Liturgie, entsteht jedes Mal ein großes Erlebnis. Es ist, so glaube ich, dieser Resonanzboden, der einem die Kraft gibt, in schwierigen Zeiten weiterzuleben und weiter zu wirken.

Als wir, Herr Ley und ich, über das Thema des heutigen Abends nachdachten, haben wir uns ganz sicherlich sehr angestrengt und unseren Geist benutzt, aber dass das Thema so beeindruckend in diese Tage passen würde, das haben wir nicht vermutet. Es war schon ein bisschen kess, als wir für den 19. November 2002, kurz nach der Bundestagswahl, das Thema »Deutschland ohne Wahl« festlegten. Der Nachsatz »Kein Aufschwung ohne Werte« war hingegen sehr ernst gemeint.

Das, was sich im Verlauf der letzen Wochen als Diskussion in unserem Land ergeben hat, ist für mich ein Zeichen der Hoffnung. Ich glaube, in den letzten Dekaden hat sich dieses Land noch niemals so ernsthaft mit so wichtigen Fragen auseinandergesetzt. Und noch niemals haben sich so viele Herzen und so viele Köpfe daran beteiligt. Und was ich in besonderer Weise beglückend finde, ist, dass ich beobachte, dass sich eine immer größer werdende Zahl unserer gut ausgebildeten jungen Menschen mit dem, was geschieht, mit dem, was sie umgibt, nicht mehr abfinden, sondern sich stellen, sich aufstellen, eine ernste, eine tiefe Diskussion führen und sich auch von der deutschen Neigung, alles nur in großer Friedlichkeit und im Konsens zu tun, endlich befreien. In der heutigen Ausgabe der FAZ ist zu diesem Thema ein Beitrag Arnulf Barings unter dem Titel »Bürger auf die Barrikaden« zu finden. Und jedes Wort, jeder Satz dieses Artikels ist es wert analysiert, memoriert und weitergetragen zu werden.

II.

Aber lassen Sie mich dort, wo ich mich zu Hause fühle, beginnen, nämlich bei den Philosophen und den Ökonomen. Ich glaube, dass unser Land, Deutschland, nur dann, wenn es jetzt einen neuen Gesellschaftsvertrag formuliert, die Chance hat, sich aus der Schieflage zu befreien, in der wir uns als Gesellschaft und als Wirtschaft befinden. Der Weg, zu dem was nötig ist, kann uns gewiesen werden. Wir haben große Denker, wir haben große

Vorbilder, die uns dabei helfen können. Ich denke dabei an Friedrich Hayek, den Österreicher, der aus einer großbürgerlichen Familie in Wien stammte und dem sozialistischen Geist, den Europa im 20. Jahrhundert immer öfter atmete, offenkundig entkommen musste. Seiner geistigen Orientierung konnte er in London und den USA Raum geben. Eines seiner bedeutendsten Bücher trägt den Titel »The Road to Serfdom«, was soviel heißt wie »Der Weg in die Knechtschaft«. Ich befürchte, dass wir dem Sozialismus westdeutscher Prägung, der durch keine Regierung in den letzten 30 Jahren unterbrochen wurde, nur entkommen können, wenn wir uns an den Grundüberlegungen von Philosophen und Ökonomen wie Hayek orientieren, und aus seinem Buch »Der Weg in die Knechtschaft« lernen, wie man es nicht macht.

Hayek formulierte, dass keine Gesellschaft über mehrere Generationen erfolgreich sein kann, wenn sie nicht drei Prinzipien hochhält. Diese Prinzipien lauten »family«, »private property« und »honesty«. Die deutsche Übersetzung von Familie ist leicht, von Privateigentum auch. Aber wie übersetzen wir »honesty«? Ehrlichkeit klingt zu schwach. Aufrichtigkeit dagegen spiegelt auch den Stolz wider, der sich hinter dem Wort »honesty« verbirgt. Die Geschichte lehrt uns, dass diese drei Wertorientierungen für den Erfolg einer Gesellschaft maßgeblich sind. Die Familie ist der Kontext, ist das Gewebe, ist das Vertrauensverhältnis, ohne das nichts beginnt. In ganz elementarem, wie auch im übertragenen Sinne. Doch dieses elementare Treueverhältnis ist heutzutage beliebig geworden. Und diese Beliebigkeit zieht auch ihre Kreise in anderen

Formen des Zusammenlebens. Wir sind eine Gesellschaft der Beliebigkeit geworden. Wir sind eine »Instant Society« geworden. Das mag bequem sein, es sorgt freilich nicht für Qualität und schon gar nicht für Nachhaltigkeit. Solche Gesellschaften begeben sich auf ein abschüssiges Gleis. Der Weg zu einem wirklichen Gesellschaftsvertrag ist nur möglich in einem Gewebe von Vertrautheit, von tragfähigen Familien, und Eliten, die gestalten.

Bei der Familie Walter haben sich heute zu Hause vier Generationen versammelt. Familie wird immer öfter, weil wir länger leben, eine Drei- oder Vier-Generationen-Familie. Wie aber denken wir als Gesellschaft? Wir neigen dazu, den Anspruch an das Kollektiv zu formulieren, dass man uns nicht nur die Kinderversorgung, sondern auch die Altenversorgung abnimmt. Ja, am liebsten ist es uns, wenn man uns die Daseinsvorsorge insgesamt abnimmt. Wir sind eine Gesellschaft geworden, in der die Individuen fordern, Versorgte sein zu dürfen, weil es so bequem ist.

Die Familie ist jedoch das Gewebe, um Selbständigkeit, Verantwortlichkeit, Vertrauen und Stolz zu entwickeln. Mit anderen Worten: um soziale Kompetenz zu lernen. Und ohne diese Grundlage durch Familie kann sich die Schule noch so sehr bemühen, Bildung im tieferen Sinne wird nicht zustande kommen. Wer also in einer Gesellschaft Ehe und Familie keine Beachtung schenkt, zerstört sie.

III.

Über den Gottesbezug habe ich bislang noch kaum etwas gesagt. Wir diskutieren derzeit ja nicht nur über Deutschland, sondern wir debattieren auch über unser europäisches Schicksal, über unsere europäische Verfassung. Ich bin sehr froh, dass sich ein Gremium, dem ich auch angehöre, das Zentralkomitee deutscher Katholiken, laut zu Wort gemeldet hat und darauf Wert legt, dass wir, die wir uns christliches Abendland nennen, in unserer europäischen Verfassung einen Gottesbezug formulieren.

Und wenn wir angesichts der Tragödien des 11. Septembers ständig von einem Angriff auf die westliche Welt und ihre Werte sprechen, sollten wir wenigstens die zehn Gebote kennen.

Wir haben aber auch eine zweite, wichtige Grundlage zu bedenken, wenn wir eine Gesellschaftsordnung schaffen wollen, die trag-und leistungsfähig ist, die Zukunft ermöglicht, nämlich das private Eigentum. Privates Eigentum ist eine der herausragendsten gesellschaftlichen Ideen, die es je gab. Und wenn wir diese Idee entweder ignorieren oder aber, wie es der kontinentale Sozialismus Europas tut, durch starke Regulierung und durch eine konfiskatorische, strangulierende Steuer- und Abgabenpolitik zerstören, so sorgen wir dafür, dass die Anreize, mit den Ressourcen, die wir besitzen, Gutes zu bewirken, nicht mehr taugen.

Um das Ganze nicht zu abstrakt auszudrücken hierzu ein Beispiel: Die Bücher, die in der Schule kostenlos zur Verfügung gestellt werden, werden in der Regel nicht übermäßig pfleglich behandelt. Es lässt sich beobachten, dass wir die persönlich erworbenen Lehrmittel pfleglicher und sorgfältiger behandeln. Es ist offenkundig, dass dann, wenn man nicht einmal an seiner Arbeitskraft ein persönliches Eigentum hat, die Neigung zur Indifferenz, zur Gleichgültigkeit und zur Faulheit zunimmt. Wenn aber die eigenen Kräfte dazu verwendet werden können, dass man die Ergebnisse zu einem guten Teil behalten darf, wenn also Eigentumsrechte existieren, dann ist es sehr typisch, dass damit sorgfältig und sachgerecht umgegangen wird. Ganz so, wie der Herr, der seinen Knechten Talente übergab, es wohl gemeint hat. Denn er hat ganz offenkundig demjenigen, dem er ein Talent gab und der dieses nur vergraben hat, kein großes Lob gezollt. Überall dort, wo Eigentumsrechte entweder nicht existieren oder wo Eigentumsrechte massiv eingeschränkt werden, ist die Gefahr groß, dass es den Menschen schlechter geht, weil man das, was verfügbar ist, an Ressourcen, an Kapital, an menschlichem Wissen, nicht so engagiert nutzt wie es prinzipiell möglich wäre.

IV.

Wir Deutschen haben Eigentumsrechte in einem enormen Maße eingeschränkt. Vor allem dadurch, dass wir bei Steuern und Abgaben heute den mittleren Einkommensbeziehern mehr als die Hälfte dessen, was sie verdienen, abnehmen. Dies ist ein Zustand, der zu einer enormen Desorientierung geführt hat und immer öfter dazu führt, dass Leute es als Kavaliersdelikt ansehen, in der Schattenwirtschaft anstatt in der offiziellen, versteuerten Wirtschaft zu arbeiten.

Mittlerweile werden bereits 17 % der Leistungen in unserem Land nicht mehr in der offiziellen Wirtschaft erbracht. Natürlich ist es so, dass dann, wenn so hohe Steuern und Abgaben fällig werden, auch die Arbeitsteilung in unserem Land leidet. Nicht diejenigen machen Umzüge, die dafür besonders gut geeignet und ausgebildet sind und die das durch entsprechende Geräte auch besonders effektiv tun können, sondern wir machen unseren Umzug selbst, verrenken uns das Kreuz und verschwenden unsere Zeit, statt das zu tun, was wir gelernt haben und selbst besser können. Wir malern unsere Wohnungen selbst, statt das den Fachleuten zu überlassen. Das alles sind Fehlwirkungen einer solchen Entleerung des Eigentumsbegriffs über eine zu starke staatliche Steuer- und Abgabenbelastung.

Wir sind aber auch ein Land, in dem offenkundig – und das beschränkt sich nun wirklich nicht auf unser Land – Ehrlichkeit, Aufrichtigkeit, »honesty« alles andere als selbstverständlich sind. Es gibt verschiedene Methoden, damit umzugehen. Häufig ignoriert oder toleriert man solches Fehlverhalten. Man weiß, dass die Leute bei Versicherungen betrügen. Man weiß, dass sie schwarz arbeiten und ihre Steuern nicht entrichten. Man weiß, dass sie Steuern hinterziehen und Einkommen und Vermögen außer Landes bringen. Das staatliche System neigt als Folge dann dazu, daraufhin die Gesetzgebung und die polizeilichen Maßnahmen zu verschärfen. Und daraus entwickelt sich eine Spirale des Gegeneinanders, der Verdächtigungen, der Missgunst, nicht aber ein gesellschaftliches Miteinander, nicht eine Gesellschaft, die produktiv ist.

V.

Wir brauchen also einen neuen Gesellschaftsvertrag. Einen Gesellschaftsvertrag, der die bürgerlichen Überzeugungen wieder in den Vordergrund stellt. Der dafür sorgt, dass Regeln auch eingehalten werden.

Wie kommen wir von dem Zustand, in dem wir uns befinden, zu einem Gesellschaftsvertrag, den ich skizziert habe? Welches sind die Schritte, die wir unternehmen müssen, um dorthin zu gelangen? Es gibt zwei Möglichkeiten. Nach dem amerikanischen Soziologen und Ökonom Hirshman gibt es folgende Reaktionsmöglichkeiten. Die eine ist »vote by exit«, und die andere ist »vote by voice«. Das heißt, wir können entweder auswandern oder wir machen, übertrieben formuliert, Revolution. Auswandern ist für diejenigen eine echte Option, die keine Wurzeln haben. Die, die Wurzeln haben, haben demnach also, sofern sie konsistent sind, keine andere Alternative, als den Auftrag ernst zu nehmen und umzugestalten. Das heißt, in unseren Institutionen Verantwortung zu übernehmen, nicht nur, sich zu Wort zu melden, sondern sich einzubringen in den Aufbau, in den Neuaufbau unserer Institutionen. Wir müssen in den Kirchen, bei der Caritas und in unserem Betrieb über unsere individuelle Rolle hinaus Aufgaben bei der Gestaltung dieser Systeme übernehmen. Wir müssen in den politischen Parteien unser Fachwissen als Wissenschaftler, als Wirtschaftler einbringen. Es hilft nicht, sich nur über zu viele Beamte und Gewerkschaftsfunktionäre im Parlament zu beschweren. Es ist Zeit, dass unsere älteren und jüngeren Menschen – vor allem aber die jüngeren – in die staatlichen Institutionen eintreten, um ihnen eine neue Gestalt, eine neue Orientierung zu geben. Der Aufruf zur Umgestaltung der Demokratie ist ein Aufruf an die Bürger: Bürger nicht nur auf die Barrikaden, Bürger in die Institutionen!

Es war 1978, als ich nach einem meiner Vorträge von einem Bundesverfassungsrichter gefragt wurde, ob ich denn politisch engagiert sei. Ich erwiderte, dass ich nicht wisse, in welcher Partei ich dies tun solle, woraufhin er entgegnete, dass er einen interessanten und, wie er meinte, intelligenten Vortrag gehört habe und nicht geglaubt hätte, dass man eine so unintelligente Antwort auf seine Frage geben könne. Diese Ohrfeige, die ich vor einem Vierteljahrhundert bekam, tut noch heute weh. Wir müssen uns dort einbringen, wo wir uns am wenigsten unwohl fühlen. Wir müssen uns in den politischen Prozess einbringen, wenn dieser Aufschwung gelingen soll. Denn nur dann, wenn sich die Bürger mit ihren Erfahrungen und mit ihrem Koordinatensystem von Werten in diesem Land für einen neuen Gesellschaftsvertrag wieder einbringen, besteht eine Chance auf Aufschwung.

Und noch einmal, die Wichtigsten, auf die es dabei ankommt, sind unsere jungen Menschen. Wir haben unseren jungen Menschen eine vergleichsweise gute formale Ausbildung gegeben. Wir alle haben aber unsere Kinder, die nächste Generation, nicht genügend auf ihre Aufgabe als Gestalter unserer zivilen Gesellschaft und unserer res publica, unserer staatlichen Gesellschaft vorbereitet. Wir brauchen massenhaft junge Menschen, die sich nicht nur um Examensnoten, sondern auch um die Qualität politischer Arbeit bemühen. Es kann nicht sein, dass ein Verein von Funktionären von Gestern die Gestaltung der Zukunft bestimmt. Aber darüber zu klagen lohnt nicht, dies umzugestalten ist die Aufgabe.

Nach meinem Urteil spielen Werte dabei eine ganz besondere Rolle. Ich glaube, dass gerade ein Orden wie wir, der Deutschherrenorden, die Aufgabe hat, zu vermitteln, welche Tugenden dabei ganz besonders wichtig sind. Der Begriff Tugend hat ein kognitives Element. Tugend beinhaltet Ethik, aber Tugend ist auch ein Begriff, der subjektive Vorstellungen von dem beinhaltet, was gut ist, also was unser Gewissen uns sagt. Der Begriff Tugend mag vielleicht ein wenig schwer abzugrenzen sein. Aber die Botschaft dieses Begriffes ist, so bin ich überzeugt, auch gut für die Sache, denn sie betont sowohl die persönliche Verantwortung als auch den durch die Gemeinschaft geprägten Rahmen.

Wenn wir über Tugenden reden, sollten wir die Primär- und die Sekundärtugenden unterscheiden. Mit solchen Begriffen stößt man in unserer heutigen Gesellschaft indes oftmals auf Unverständnis. Es scheinen Begriffe zu sein, die überhaupt keine Assoziationen mehr wecken. Wenn wir über Sekundärtugenden reden, reden wir also über Disziplin, über Pünktlichkeit, über Ordnung, über Pflichterfüllung, über Fleiß. Diese Tugenden sind ganz offenkundig und erfahrungsgemäß die Grundlage erfolgreicher Gesellschaften. Es gibt nun Leute, die sagen, dass dies Tugenden sind, die auch zum Führen eines KZs befähigen, so Oskar Lafontaine. Und auch die Pharisäer erfüllten die Sekundärtugenden gewissenhaft. Ich will damit sagen, dass die Sekundärtugenden die Primärtugenden dringend zur Orientierung benötigen.

VI.

Ein weiteres Element eines neuen Gesellschaftsvertrages ist Klugheit. Klugheit ist der Inbegriff von sittlicher Möglichkeit und Freiheit. Sie, die Klugheit, ist der Ursprung aller Tugenden, sie ist die Kardinaltugend.

Wenn ich nun über die Sekundärtugenden rede, dann glaube ich, dass es wichtig ist, zu erkennen, dass man sie nur vermitteln kann, indem man Vorbild ist. Man muss, deutlich machen, dass diese Sekundärtugenden so etwas sind wie die Treppe zu einer höheren Stufe von Pflichterfüllung, zu einer höheren Stufe von Werten.

Im Orden führen die Pflicht, das gemeinsame Beten, die Regeln und das gemeinsame Arbeiten zur Erfüllung. Diese Orientierung ist etwas, was wir als Basis haben müssen, um einen neuen Gesellschaftsvertrag zustande zu bringen. Das läuft offenkundig vollkommen quer zu dem, was wir in den letzten 30 bis 40 Jahren entwickelt haben und was unsere Gesellschaft ausmacht. Die

68er Generation postulierte die Emanzipation von diesem Denken. Unsere Gesellschaft wollte hin zu postmaterialistischen Werten, und das wurde unseren Kindern vermittelt als die Entwicklung hin zu einem kulturell und politisch höheren Entwicklungsniveau. Es hieß, dass es eigentlich auf die Primärziele ankomme, und dass es eine hohe Selbstmotivation für diese hohen und hehren Ziele geben müsse. Der mündig gewordene, emanzipierte Mensch brauche diese einfachen, diese traditionellen Sekundärtugenden nicht mehr.

Elisabeth Noelle-Neumann beobachtet diesen fortschreitenden Werteverfall, die Bindungsverluste, die in der Gemeinschaft daraus resultieren, besonders für die Familien, aber auch die Bindungsverluste zur Religion und noch mehr zur Kirche. Die Hierarchie ganz allgemein wird abgelehnt, Autorität wird in Frage gestellt. Die Arbeits- und Leistungsethik gerät ins Abseits. Stattdessen entwickelt sich faktisch, nicht immer gewollt, eine individuelle Anspruchsinflation, es nimmt der Gemeinsinn ab, und die Bereitschaft, sich selbst einzubringen in die res publica, sinkt. Ich habe vor kurzem das Vergnügen gehabt, Frau Noelle-Neumann, die alte Dame, wieder erleben dürfen, und ich sehe, wie sie leidet, wenn sie das wiedergibt, was sie beobachtet. Und ich sehe, wie sie nach wie vor mit ihren leuchtend blauen Augen und mit bebender Stimme die Renaissance der Leistungspflicht einfordert und mithelfen will von der Spaß- und Freizeitgesellschaft loszukommen und die Ordnung und Gemeinschaftswerte wieder zu etablieren. Auf diese Neu-Orientierung kommt es an. Die Frage ist aber, wie kommen wir von dem Zustand der Spaßwelt zu dieser anderen Welt? Die Antwort lautet, entweder durch den Erkenntnisprozess und das engagierte Gestalten durch Menschen, die die Führung in diesem Prozess übernehmen wollen, oder aber, indem wir kurz vor der Betonwand noch einmal alle kräftig Gas geben, um noch schneller an die Wand zu fahren und dann einen sehr schmerzhaften, pathologischen Lernprozess durchzumachen.

Dass ich mir den ersten Prozess wünsche, können Sie sich gut vorstellen. Ich vermute aber, dass der andere Weg gewählt wird. Wir geben vor der Betonwand noch einmal kräftig Gas! Wir sind ein Land, das immer weniger Kinder hat und in dem wegen des medizinischen Fortschritts immer mehr alte Menschen leben. Wir haben in der Zeit, als wir demografisch in bezug auf unsere Alterszusammensetzung in einer Schönwetterperiode gelebt haben, unsere Sozialsysteme enorm zusätzlich belastet. Die Beitragssätze für unsere Sozialversicherungssysteme sind in der Schönwetterzeit unserer Alterspyramide von gut 20 % auf mittlerweile gut 40 % des Einkommens angestiegen. Und jetzt beginnt die Zeit, wo das Verhältnis zwischen Aktiven und nicht Aktiven sich ungefähr um den Faktor 2 verschlechtert. Mit anderen Worten, würde alles so bleiben wie es ist, würde im Jahr 2030 der Abgabensatz zur Finanzierung der Sozialversicherungssysteme 80 Prozent betragen. Und dann hätten diese Menschen noch keine Steuern gezahlt. Ich brauche Ihnen nicht zu sagen, dass dies keine Projektion ist, dies ist schlicht und einfach eine geistlose Extrapolation. Wir brauchen einen Gesellschaftsvertrag, in dem die Last der Alterung berücksichtigt wird. Wir haben nämlich seit über einer Generation, seit nunmehr etwa 35 Jahren, nur noch zwei Drittel der Mütter »ersetzt«. So ist Kinder- und Aktivenmangel unausweichlich. In dieser Situation gilt es, alle Kräfte zu mobilisieren, um in der offiziellen Wirtschaft mehr Leistung einzubringen. Wir müssen jungen Menschen im Alter von 14 während ihrer Schulferien wieder vermitteln können, dass es für sie und ihre professionelle Kompetenz sachgerecht ist, dass sie einen Teil ihrer Ferienzeit in einem Betrieb verbringen, um so auch soziale Kompetenz zu erlernen. Wir können, wenn wir die 14- bis 25-Jährigen nicht zur Entwicklung von moderner Software heranziehen, in diesem Gebiet wohl nicht international aufschließen, geschweige denn gut werden oder gar führend. Die europäische Vorstellung, bis zum Jahre 2010 die erste wissensbasierte Gesellschaft der Welt zu werden, ist eine außerordentlich wünschenswerte Zielvorstellung, die uns die Staatspräsidenten im Jahr 2000 gegeben haben. Sie ist aber in Deutschland, in Italien, in Österreich durch nichts, aber auch gar nichts als realistische Erwartung gerechtfertigt. Sie mag in Finnland gerechtfertigt sein, oder in Irland, wo es junge, moderne, reformfreudige, auf Selbstverantwortung orientierte Gesellschaften gibt. Es gibt sie zum Teil auch in der Schweiz, wo mehr als doppelt so viele 55- bis 65-Jährige arbeiten als in unserem Land. In unserem Land behandeln wir 55- bis 65-Jährige wie überschüssige Ernte. Wir brauchen eine höhere Erwerbsquote bei den Jungen, um kreativ zu sein. Wir brauchen eine höhere Erwerbsquote bei Älteren, um die Beziehungen, die Netzwerke, das Erfahrungswissen, das in ihnen steckt, nicht zu verlieren. Um aber 55- bis 65-Jährige in Zukunft wieder zu integrieren, auch in den Produktionsprozess, müssen wir endlich das Senioritätsprinzip bei der Entlohnung in Frage stellen, d.h. die automatische Kopplung des Einkommens an Lebens- und Dienstalter aussetzen.

Seit ich in meinem Hause vor einiger Zeit öffentlich sagte, dass es wahrscheinlich richtig sei, dass man mit etwa 50 sein höchstes Einkommen erzielen sollte und dies nur in Ausnahmefällen anders sein sollte, werde ich jetzt auf den Fluren, wo immer ich auftauche, gefragt: »Wie hoch ist denn Ihr Abschlag?« Wer eine hohe Beschäftigung von Älteren, die nicht mehr in jeder Hinsicht so leistungsfähig sind wie Jüngere, in einer marktwirtschaftlichen Ordnung haben möchte, der muss die Verminderung ihrer Einkommen nicht nur akzeptieren, sondern für selbstverständlich halten. In einer solchen Welt, bei einer solchen Einkommensentwicklung ist natürlich klar, dass unsere derzeitigen Systeme für Altersversorgung unsachgemäß konzipiert sind. Denn dort entscheiden die letzten drei Jahreseinkommen oftmals noch immer über die Rentenhöhe. Mit anderen Worten, wir können eine solche Änderung, wie ich sie grade skizziert habe, nur zum Erfolg führen, wenn gleichzeitig unsere Altersversorgungssysteme komplett umgebaut werden. Und zwar zu einem System, in dem die Leistung, die man erhält, mit dem Betrag korrespondiert, den man in das System eingezahlt hat. Es gibt natürlich Ausnahmen: Hierzu gehören die, die sozial bedürftig und auf die Hilfe Dritter angewiesen sind. Aber diese Hilfe Dritter sollte nicht durch das Sozialversicherungssystem erbracht werden, sondern dies sollte durch ein Solidarsystem gestaltet werden, das durch allgemeine Steuermittel finanziert wird.

VII.

Dies sind ein paar Elemente aus der erforderlichen Änderung des Gesellschaftsvertrages. Der Änderung des Gesellschaftsvertrages mit einer nennenswerten Entlastung von Steuern und Abgaben muss freilich in unserem Staat auch eine Reduktion staatlicher Leistungen entgegenstehen. Ansonsten würde der Staat ja ein hohes Defizit erzielen, was faktisch nichts anderes bedeutet, als dass die Lasten für heute genossene Leistungen den künftigen Generationen durch die künftige Bedienung der Schulden auferlegt würden. Also auch die Durchforstung von Leistungen gehört zur Gestaltung des neuen Gesellschaftsvertrages.

Es ist unerträglich, dass es in erster Linie die Bezieher mittlerer und hoher Einkommen sind, die das Bildungswesen nutzen, während es zum einen Teil von den einfachen Menschen, wie z. B. Arbeitern, finanziert wird. Wer in diesem Land gegen die Einführung sachgerechter Studiengebühren ist, hat nichts von Solidarität begriffen. Wer Studiengebühren diffamiert als die Methode, mit der Begabte von weniger begüterten Eltern von der Hochschulausbildung ausgeschlossen werden, ist nicht willens, Systeme, die international Studiengebühren erheben, auch nur anzuschauen. Denn jedes dieser Systeme hat großzügige Programme von Stipendien, die freilich nur jene bekommen, die leistungsbereit und leistungsfähig sind. Die also auch erwarten lassen, dass sie ein universitäres Studium nutzen. Die gleichen Aussagen wären wohl zu machen für vieles von dem, was wir heute als Bildungsbürger an staatlich finanzierter Kultur genießen. Es ist unerträglich, dass jemand mit geringem Einkommen für uns gut Verdienende den Opernplatz mitfinanziert.

Wir müssen also, wenn wir die Verminderung staatlicher Steuern und Abgaben in einem neuen Gesellschaftsvertrag zu Recht fordern, auch die Leistungen, die der Staat bietet, durchforsten, und Aufgaben, die dort bislang erfüllt werden, uns, den einzelnen, den Bürgern wieder überantworten. Daseinsvorsorge muss für alle, die leistungsfähig sind, wieder zuerst unsere eigene Sache werden. Und staatliche Leistungen und Solidaritätsleistungen sind nur für jene sachgerecht, die sich nicht durch eigene Anstrengungen helfen können. Diese Veränderung unseres Gesellschaftsvertrages gilt es auf den Weg zu bringen.

VIII.

Wenn wir uns auf diesen Weg begeben, haben wir eine Chance. Wir müssen aber wissen, dass der Weg dorthin nicht über die traditionellen Parteien in der heutigen Zusammensetzung oder über die traditionellen Interessenvertreter, die wir heute haben, erfolgen kann. Es bedarf einer Revolution in dem Sinne, dass diejenigen, die diese neue Gesellschaft wollen, nicht nur im Inneren diese Haltung haben, sondern diese Haltung bekennen, öffentlich bekennen, ausdrücken, weitergeben, und ihr eigenes Leben entsprechend gestalten.

Ich habe selber viel zu lange gebraucht, um das, was ich gerade gesagt habe, nämlich die Orientierung an Werten, auch öffentlich zu bekennen, auch öffentlich deutlich zu machen. Denn ich habe gedacht, dass es in unserer Gesellschaft für eine solche Verhaltensweise die Strafe der Lächerlichmachung gibt. Aber ich habe gelernt, dass es nicht so ist. Ich habe gelernt, dass die Welt offenkundig erfahren hat, dass exzessiver Individualismus und Hedonismus nicht zu wirklicher Befreiung, sondern zu Einsamkeit führt, dass es nicht mehr nur eine stille, sondern eine fast laut schreiende Sehnsucht danach gibt, Halt und Orientierung zu finden. Ich habe das wahrgenommen, in vielen betrieblichen Zusammenhängen, ich habe es auch wahrgenommen in Fragen, die dann wiederum zum Religiösen und zu Gott hinführen. Ich habe mit Mitarbeitern wunderbare, motivierende Erfahrungen gemacht. Ich werde nie vergessen, wie ein Mitarbeiter, der bereits zwei Jahre ausgeschieden war, da er an Aids erkrankt und nicht mehr arbeitsfähig war, zu mir kam. Er sagte: »Herr Walter, ich habe da gelesen, Sie haben so einen Marcel Proust-Fragebogen ausgefüllt. Und da haben Sie gesagt, dass Sie an das Leben nach dem Tod glauben. Glauben Sie das?« Und da konnte ich ihm in die Augen schauen und sagen, ja, ich bin davon überzeugt, dass es ein Leben nach dem Tode gibt. Ich habe einem Menschen, ihm, dem Aidskranken, mit dieser Antwort, sehr geholfen und ihn sehr motiviert, und nicht nur ihn, sondern auch diejenigen, mit denen er sprach, die Kollegen, mit denen wir arbeiten. Diesen Bezug über uns hinaus, über unsere Zeit hinaus, als letzte Versicherung, als letzte Verankerung, dieses Etwas, das eben auch unser Leben in der effizienten Welt, in der Gesellschaft, in der wir uns befinden, überhaupt erst wirklich erträglich und möglich macht, ist es, was eine Gesellschaft erst erzeugt und bindet.

Alle müssen bei der Gestaltung einer solchen Gesellschaft mit anfassen. Und das heißt natürlich nicht nur, dass wir Junge und Alte im Betrieb haben müssen, sondern wir müssen auch verstärkt Frauen, mit ihrer guten Ausbildung und ihren Fähigkeiten, in die Betriebe integrieren. Wenn wir aber gleichzeitig auch noch die Zukunft für uns haben wollen, dann werden wir auch künftig noch Nachwuchs brauchen, also werden Familie und Kinder unverzichtbar sein. Und dies bedeutet, dass Unternehmen die Pflicht haben, den selbstverständlichen Wunsch von Männern und Frauen, beruflich tätig zu sein, mit dem Wunsch Kinder zu haben, Familie zu haben, für Väter und Mütter vereinbar zu machen. Und an dieser Stelle hat sich die Industriegesellschaft, in der wir uns befinden, nicht gerade mit Ruhm bekleckert. Sie ist eine Gesellschaft, die in diesem Sinne nicht konstruktiv ist. Wir werden aber nicht nachhaltig Erfolg versprechende Arbeitnehmer mit hoher Motivation haben, wenn wir ihnen die Möglichkeit zu dem anderen Teil des Lebens, dem in der Familie, nicht geben.

Wir müssen also bei den Karriereplänen, wir müssen also bei den Arbeitsplatzbeschreibungen als Unternehmer mitwirken, konstruktiv mitwirken, dass beides,

Beruf und Familie, miteinander existieren können. Und dazu gehört es, dass man weiß, ob Mitarbeiter verheiratet sind, einen Partner haben oder nicht. Dazu gehört es, dass man weiß, ob sie Kinder haben, und wenn ja, wie alt sie sind. Und ob es die Möglichkeit gibt, dass die Großmutter, der Großvater auch einmal mithelfen können, die Kinder zu betreuen, oder ob dazu eine Betreuung der Kinder durch andere Einrichtungen erforderlich ist. Und es gehört auch dazu, und damit will ich dann schließen, dass dann, wenn alle Stricke gerissen sind, eine Mutter eben ihr Kind auch mal in den Betrieb mitbringen kann. Und dass der Chef, auch wenn er einen wichtigen Gast hat, nicht explodiert, nur weil nebenan ein Kind lacht oder schreit.

Denn diese Wirklichkeit muss uns ein Anliegen sein, diese Gestaltung eines neuen Gesellschaftsvertrages mit einem effizienten und mit einem menschlichen Gesicht muss uns gelingen. Und sie wird uns gelingen, wenn wir uns einbringen mit unseren Kräften, mit unseren professionellen Fähigkeiten und mit unserer Seele. Ich danke Ihnen für die große Aufmerksamkeit und hoffe auf eine anregende Diskussion.

Kapitel 4
Die Globalisierung – Neue Chancen durch Wandel

I.

Die neunziger Jahre waren vom Schlagwort der Globalisierung geprägt. Unter Globalisierung versteht man die weltweit zunehmende wirtschaftliche Verflechtung, also den sukzessiven Abbau von wirtschaftlichen Grenzen. Ökonomisch ist die Globalisierung damit zunächst ein Katalysator für Wachstum und Wohlstand, sorgen doch freie Märkte am besten für die effiziente Allokation knapper Ressourcen.

Nach dem Ausbruch der Finanz- und Wirtschaftskrise gerät die ohnehin schon oft als Zugpferd des Kapitalismus verschriene Globalisierung mehr und mehr in Verruf. Ungezügelte Finanzströme suchten rücksichtslos nach Wegen zum größtmöglichen Profit, der anschließend von Managern und Investmentbankern auf Kosten der übrigen Gesellschaft eingestrichen werde. Die menschliche Arbeitskraft werde nur noch als Produktionsfaktor erkannt, der dort eingesetzt wird, wo er am billigsten zu haben sei. Von diesem Wandel profitierten ausschließlich die Kapitalbesitzer, während die Arbeitnehmer als Verlierer der Globalisierung dastünden.

Wird durch die zunehmende wirtschaftliche Verflechtung der Staatengemeinschaft also die Mehrheit ihrer Mitglieder schlechter gestellt als zuvor? Sollte man diesen Prozess aus ethischen Gründen also ablehnen? Wer profitiert überhaupt von der Globalisierung und wer gehört zu den Verlierern? Diesen Fragen stellt sich der abschließende Teil des Buches.

II.

Lange war die internationale Arbeitsteilung durch den Handel mit Gütern geprägt; Arbeitskräfte waren überwiegend ortsfest. Die internationale Arbeits-Konkurrenz war dadurch relativ anonym. Inzwischen haben die Wettbewerber ein Gesicht bekommen. Zwar macht es ökonomisch keinen (bedeutenden) Unterschied, ob ein VW-Arbeiter mit billigen Arbeitskräften südost-asiatischer Automobilhersteller im Wettbewerb steht, oder ob ein Berliner Bauarbeiter mit »Billigbauarbeitern« aus der Ukraine auf einer Baustelle in Berlin konkurriert. Sehr wohl macht es aber psychologisch einen Unterschied, ob man demjenigen Auge in Auge gegenübersteht, der einem auf mittlere Sicht den Arbeitsplatz streitig macht, oder dieser in einem fernen Land seine Arbeit verrichtet und die Produkte seiner Arbeit auf unserem Markt auftauchen. Im Verlauf der letzten Jahrzehnte hat die zunehmende Freizügigkeit der Arbeitskräfte das Gesicht der Globalisierung verändert, vielleicht sogar entscheidend geprägt.

III.

Die ökonomische Logik der Globalisierung ist einfach und bestechend: Freie Märkte maximieren unter bestimmten Bedingungen die gesamtwirtschaftliche – hier also die globale – Wohlfahrt. Globalisierung verspricht somit einen Effizienz- und Wohlfahrtsgewinn für die Weltgemeinschaft. Über die Verteilung des materiellen Wohlstandes wird nichts ausgesagt. Offene Märkte verändern relative Knappheiten und damit auch die Entlohnung der Produktionsfaktoren. Für Deutschland ist beispielsweise zu erwarten, dass Tätigkeiten, die nur eine geringe Qualifikation erfordern, künftig schlechter entlohnt werden. Weniger qualifizierte Einwanderer werden in diesem Arbeitsmarktsegment für zusätzliche Konkurrenz sorgen und damit Druck auf das Lohnniveau ausüben. Importe – in Niedriglohnländern hergestellt – wirken in die gleiche Richtung. Der Strukturwandel wird sich beschleunigen. Die am Status quo festhalten wollen, werden schlechter gestellt; d.h. auch jene, die dort derzeit höhere Einkommen beziehen.

Es ist daher mit erheblichen Widerständen zu rechnen, die eine schnelle und effiziente Anpassung der Wirtschaft an die neuen Rahmenbedingungen behindern. Umso wichtiger ist es, Aufklärungsarbeit zu leisten und herauszustellen, dass die Übergangsprobleme akzeptiert werden sollten, weil ihre Überwindung langfristig zu Wohlfahrtsgewinnen führt. Damit aber auch diejenigen, die kurzfristig zu den Verlierern gehören, langfristig profitieren, müssen sie sich in der dynamischen Wirtschaft anpassen. Nur wenn der Arbeitslose erkennt, dass sich ihm z. B. nach erfolgreicher Weiterbildung neue Chancen in neuen Bereichen eröffnen, steigt seine Akzeptanz für wirtschaftliche und gesellschaftliche Veränderungen. Ein solches Klima gilt es zu schaffen.

Das Leben wird für den einzelnen durch die Globalisierung also turbulenter werden. Globalisierung bedeutet Wandel, aber vielfach Wandel zum Besseren. Nur derjenige, der dem Status quo einen Eigenwert zuschreibt, wird Angst vor der Globalisierung haben. Innovative und dynamische Menschen hingegen gehören zu den Gewinnern. Ihnen eröffnen sich neue Chancen, deren Umsetzung allen in Form höherer Wachstumsraten zugute kommt.

IV.

Der trade-off zwischen Effizienz und Besitzstandswahrung ist ein zentraler Punkt in der Diskussion um die wirtschaftliche Zukunft. Die Auffassung, eine arbeitsteilige Marktwirtschaft bedeute primär Risiko und erst sekundär Chance, ist weit verbreitet. Für Ökonomen ist eine solche Sichtweise schwer verständlich. Schon Adam Smith betonte 1776 in seinem Buch »Der Wohlstand der Nationen« die Vorzüge der Arbeitsteilung. Die Erfahrung hat gezeigt, dass die arbeitsteilige Wirtschaft enorme Spezialisierungsgewinne generiert. Wer wollte bestreiten, dass es wenig produktiv ist, Lebensmittel selbst anzubauen, das eigene Haus samt dem zugehörigen Werkzeug und Baumaterial in Eigenregie zu produzieren oder sich die Haare selbst zu schneiden. Wir arbeiten im Regelfall als Spezialisten und befriedigen unsere Konsumbedürfnisse über den Einkauf von Waren und Dienstleistungen am Markt. Durch diese Arbeitsteilung vergrößern sich die Konsum- und Freizeitmöglichkeiten aller.

Erstaunlicherweise glauben viele, dass das, was einzelwirtschaftlich effizient ist, gesamtwirtschaftlich nicht funktionieren kann – zumindest gilt das für die internationale Arbeitsteilung. David Ricardo zeigte mit seiner Theorie der komparativen Kostenvorteile jedoch bereits in der ersten Hälfte des 19. Jahrhunderts die Vorteilhaftigkeit der Arbeitsteilung für komplette Volkswirtschaften. Mehr noch: Er wies nach, dass sich internationale Arbeitsteilung selbst dann lohnt, wenn ein Land bei der Produktion sämtlicher Güter absolute Kostenvorteile hat. Ricardo zeigte, dass nicht die absoluten, sondern die komparativen Kostenvorteile ausschlaggebend sind. Man muss sich also darauf spezialisieren, was man am *relativ* besten kann.

Zwar gab es mehrfach Versuche, das Gegenteil theoretisch herzuleiten und zu zeigen, dass insbesondere Entwicklungsländer unter dem Außenhandel mit Industriestaaten leiden. Doch die Empirie belegt die Vorteile der stärkeren Einbindung in die Weltwirtschaft insbesondere für weniger entwickelte Länder.

Zwar hat die Gesamtheit der Entwicklungsländer bisher kaum von der zunehmenden Integration von Handel, Produktion und Kapital profitiert. Seit rund 30 Jahren pendelt ihr Anteil an den weltweiten Güterexporten um rund 30 %. Ganz anders die sogenannten Schwellenländer, die ein weit überdurchschnittliches Exportwachstum realisierten: so entfallen von dem knapp 30 prozentigen Anteil der Entwicklungsländer am Weltexport rund ein Drittel auf nur sechs ost- und südostasiatische Staaten. Ähnlich verhält es sich mit den ausländischen Direktinvestitionen, die zu rund 70 % auf nur zwölf Schwellen- und Transformationsländer entfielen, und zwar China, Mexiko, Brasilien, Malaysia, Indonesien, Thailand, Argentinien, Indien, Russland, Türkei, Chile und Ungarn. Zu den bisherigen Gewinnern im Globalisierungsprozess gehören vor allem *die* Schwellenländer in Asien und Lateinamerika, die ihre vormals durch Importsubstitution abgeschotteten Volkswirtschaften öffneten.

V.

Aus den Reihen der Globalisierungsgegner wird immer wieder der Vorwurf geäußert, die Marktöffnung verlaufe einseitig zu Gunsten der »Ersten« und »Zweiten« Welt. So kritisieren sie insbesondere, dass die entwickelten Nationen von den Ländern der »Dritten« Welt die Öffnung ihrer Märkte verlangen, um neue Exportmärkte zu erschließen, ihre eigenen Märkte, insbesondere für Agrarerzeugnisse und Textilprodukte, mittels Zöllen, Subventionen und anderen nicht-tarifären Handelshemmnissen aber abschotten. Diese Kritik ist zutreffend und sie wiegt ökonomisch und moralisch schwer. Im Interesse von Effizienz und Fairness sollte der Abbau von Handelshemmnissen symmetrisch erfolgen. Die Öffnung der Märkte in Industrieländern wäre einerseits gelebte Solidarität, andererseits würde die Akzeptanz der Globalisierung auch bei deren Gegnern gesteigert werden und damit dem Eigeninteresse der Industrienationen dienen.

An dieser Kritik zeigt sich, dass Globalisierungsgegner zwar oft formal die Globalisierung kritisieren, richtig verstanden aber für wirkliche Globalisierung eintreten, wenn sie sich für den weiteren Abbau von Handelshemmnissen einsetzen. Insofern scheint es sich bei diesen Fragen weniger um Fundamentalopposition, als vielmehr um Kritik an der wirtschaftspolitischen Praxis der Industrieländer zu handeln.

VI.

Sowohl in der Bevölkerung als auch in intellektuellen Zirkeln wird die Grundsatzfrage diskutiert, ob die Globalisierung neben materiellem Wohlstand auch soziale Gerechtigkeit produziere. Vermutlich vertritt die Mehrheit die These, dass die Globalisierung zwar effiziente, aber keine gerechten Ergebnisse liefere. Ich möchte hier einen Schritt zurückgehen und fragen, was überhaupt unter Gerechtigkeit zu verstehen ist.

Ökonomen haben traditionell Probleme mit den Begriffen *Gerechtigkeit* oder *Soziale Gerechtigkeit*, denn sie sind nicht operational, nicht objektiv bestimmbar. Da die Zielgröße nicht bestimmbar ist, ist es auch unmöglich, über den Grad der Zielerreichung zu urteilen. Sicher ist es richtig, dass jedes Individuum für sich eine Vorstellung davon hat, was gerecht ist. Der eine versteht darunter Bedürfnisgerechtigkeit, der andere hingegen Leistungsgerechtigkeit. Derart subjektive Perspektiven sind jedoch nicht geeignet, ein gesamtgesellschaftliches Gerechtigkeitsmaß zu begründen. Es mag ideal erscheinen, als Gesellschaft nach sozialer Gerechtigkeit zu streben, aber es ist hoffnungslos, darauf zu setzen.

Die Gerechtigkeitsfrage ist ohne Rückgriff auf Willkür kaum zu beantworten: Was ist z. B. die korrekte »Bemessungsgrundlage« für Gerechtigkeit? Allzu oft wird lediglich auf Einkommen und Vermögen abgestellt. Doch was ist mit nicht-monetären Nutzenkategorien? Freizeit, Freiheit, Gesundheit und vieles mehr dürften die persönliche Lebenssituation und damit auch das Glücksempfinden entscheidend beeinflussen. Nicht selten stehen solche Nutzengrößen in direkter Konkurrenz zu materiellem Wohlstand, so dass verteilungspolitisch motivierte Besteuerung von Einkommen und Vermögen das Entscheidungskalkül verzerrt.

Die Diskussion des Begriffs Gerechtigkeit ist bisher auf die Verteilung innerhalb nationalstaatlicher Grenzen fokussiert. Soziale Gerechtigkeit im Zeitalter der Globalisierung muss aber im globalen Kontext diskutiert werden. Dass die Antworten anders als bisher ausfallen müssten, ist evident. Gibt es aber auch eine wirkliche Bereitschaft, gemäß globaler Gerechtigkeitsüberlegungen zu handeln? Bei der Vorstellung der jährlich erscheinenden Armuts- und Reichtumsberichte der Bundesregierung werden seit Jahren Messkonzepte diskutiert, die Aufschluss darüber geben sollen, wer als »arm« und wer als »reich« einzustufen ist. So gibt es ein Konzept, nach dem als »reich« gilt, wer über mehr als das Doppelte des Haushaltsdurchschnittseinkommens verfügt. Arm ist derjenige, der weniger als die Hälfte des Durchschnittseinkommens besitzt. Nach diesem Konzept wären die meisten derjenigen, welche innerhalb industrialisierter Nationalstaaten als »arm« gelten, mit einem Schlag als »reich« einzustufen, wenn der Maßstab global wird. Die verteilungspolitische Konsequenz eines internationalen Gerechtigkeitskonzeptes wäre vermutlich eine vollständige Einstellung innerstaatlicher Umverteilungen zu Gunsten massiver internationaler Transferzahlungen in die Entwicklungsländer. Bleibt die zentrale Frage, ob Globalisierung bei einer solchen Verteilungspolitik zu mehr oder zu weniger Gerechtigkeit führt: Derjenige, welcher mit der nationalen Elle misst, wird wohl zu dem Ergebnis kommen, die Globalisierung bedeute das Ende der Gerechtigkeit. Der nach einem globalen Maßstab Urteilende wird dagegen die diametral entgegengesetzte Position einnehmen.

Wer also die Frage der Gerechtigkeit im Kontext der Globalisierung diskutieren möchte, tut gut daran, einen pragmatischen Weg einzuschlagen und sozialstaatliche Regelungen dahingehend zu untersuchen, ob sie in einer globalisierten Welt bestehen können.

VII.

Das Verlangen nach sozialer Sicherheit wird auch oder gerade in Zeiten der Globalisierung groß sein, doch der Wunsch nach Gerechtigkeit wird die Globalisierung kaum aufhalten. Im Gegenteil: Die Globalisierung wird einen Beitrag leisten, die Effizienz der Sozialpolitik zu erhöhen. Ineffiziente und von den Akteuren nicht gewollte Politikmaßnahmen werden schneller als solche identifiziert und von den Märkten sanktioniert. Die Handlungen der Politiker werden zunehmend einer Kontrolle durch den Markt unterzogen. Damit wird der Staat von paternalistischen Eingriffen Abschied nehmen und sich auf seine Dienstleistungsfunktion konzentrieren müssen. Globalisierung fördert Wettbewerb und Wettbewerb beschneidet auch politische Macht. Daher wird die Politik künftig noch stärker am Preis-Leistungs-Verhältnis gemessen werden. Ist dieses Verhältnis gut, kann die Politik gestalten (bleibt sie also wirk-mächtig), ist es schlecht, wird ihr von den Bürgern das Mandat entzogen. Politik gegen die Steuerzahler wird bei offenen Märkten immer schwieriger, Inländer haben die Möglichkeit, das Land zu verlassen, ausländische Investoren engagieren sich erst gar nicht.

Ökonomen beunruhigt es nicht, wenn auf solche Weise diese Art des Einflusses des Staates zurückgedrängt wird. Im globalen Wettbewerb werden Aufgaben, die bisher der Staat übernommen hat, zunehmend in die Sphäre des Marktes verlagert. Nur dort, wo der Staat komparative Vorteile gegenüber der Allokation durch den Markt hat, wird er langfristig aktiv bleiben können. Beschränkt sich Politik auf diese Felder, kommt es zu Effizienzgewinnen für Wirtschaft und Gesellschaft.

VIII.

Obwohl sich empirisch zeigt, dass sich die Privaten auch ohne staatlichen Zwang sozial engagieren, gibt es gute Gründe, den sozialen Ausgleich – zumindest teilweise – in staatliche Hände oder in die Hände einer zentralen Institution zu geben. Freiwillige Umverteilung funktioniert am besten in kleinen, nicht-anonymen Gruppen (insbesondere der Familie), in denen die Kontrolle über die – aus Sicht der Gebenden – sinnvolle Verwendung der Mittel gewährleistet ist. Diese Art der Umverteilung funktioniert kaum noch in großen Gruppen und gar nicht mehr auf nationaler Ebene. Wünscht eine Gesellschaft etwa die Sicherstellung des physischen Existenzminimums für alle Staatsbürger, würde die dezentrale freiwillige Umverteilung vor einem fast unlösbaren Problem stehen: Wie kann sichergestellt werden, dass alle Bedürftigen den gleichen (Mindest-)Betrag erhalten? Die dezentrale Organisation der Mittelverteilung würde zu einer ungleichen Distribution des Umverteilungsvolumens führen. Es ist daher wünschenswert, bestimmte Aufgaben der Verteilungspolitik einer zentralen Instanz zu übertragen, welche die Auszahlungen einheitlich überwacht. Um Trittbrettfahrerverhalten bei den Steuerzahlern zu vermeiden, sollte die Finanzierung sozialpolitischer Mindeststandards unter staatlichem Zwang erfolgen.

Die Reform der in vielen europäischen Staaten praktizierten Sozialpolitik stellt vermutlich die derzeit größte wirtschaftspolitische Herausforderung dar. Zu den konzeptionellen Mängeln des Systems, deren Korrektur Ökonomen schon seit Jahrzehnten anmahnen, gesellen sich neue Herausforderungen: Neben der Globalisierung auch die demographischen Veränderungen. Sinkende Geburtenzahlen bei gleichzeitig steigender Lebenserwartung stellen insbesondere die kollektiv organisierten Sozialversicherungen vor große Probleme.

IX.

Wenn die großen Lebensrisiken – Alter, Krankheit und Arbeitslosigkeit – weiter versicherbar bleiben sollen, muss die heutige Sozialversicherung grundlegend saniert werden. In den heutigen umlagefinanzierten Sozialversicherungssystemen ist Ineffizienz quasi »genetisch« verankert. Allein für die gesetzliche Krankenversicherung lässt sich ein ganzes Bündel von Systemfehlern auflisten: Beispielsweise führt die Bemessung der Krankenversicherungsbeiträge am Einkommen statt am individuellen Schadenfallrisiko zwar zur vom Gesetzgeber intendierten Umverteilung. Jedoch werden die Arbeitsanreize empfindlich gestört, weil die Leistungen aus der gesetzlichen Krankenversicherung für alle Versicherten – unabhängig von den gezahlten Beiträgen – gleich sind. Die Beiträge wirken wie eine zusätzliche Steuer auf den Faktor Arbeit. Zudem führt der Verzicht auf eine angemessene Selbstbeteiligung der Versicherten zu verschwenderischem Umgang mit ärztlichen Leistungen.

Die Liste ließe sich für die gesetzliche Krankenversicherung mühelos verlängern, aber auch die gesetzliche Rentenversicherung, die Arbeitslosen- und Pflegeversicherung leiden unter gravierenden Konzeptionsfehlern. Lange ließen sich die Mängel übertünchen, weil die prosperierende Wirtschaft genügend verteilbare Erträge produzierte. Inzwischen sind die Wachstumsraten zumindest in Deutschland ernüchternd, und die demographische Entwicklung schwebt wie ein Damoklesschwert über allem. In der Tat sind die Konsequenzen der demographischen Entwicklung insbesondere für umlagefinanzierte Sicherungssysteme ein gravierendes Problem.

Beispiel Rentenversicherung: In einem umlagefinanzierten Rentensystem wird kein Kapital aufgebaut, stattdessen werden die Beiträge der Erwerbstätigen vollständig als Renten an die Rentner ausgezahlt. Entscheidend für die Stabilität des Systems ist das Verhältnis von Erwerbstätigen, also Beitragszahlern, zu Rentnern, also Leistungsempfängern. Heute finanzieren in Deutschland etwa vier Beitragszahler einen Rentner, 2030 werden es nur noch zwei Beitragszahler sein. Es gibt mehrere Möglichkeiten, im bestehenden Umlagesystem auf die aus ihm resultierenden Probleme zu reagieren. Die Zuwanderung ausländischer Arbeitskräfte, die Erhöhung der Beschäftigungsquote, eine Verlängerung der Lebensarbeitszeit oder Produktivitätssteigerungen sind geeignet, die negativen Effekte zu dämpfen. Alternativ müsste über Rentenkürzungen oder Beitragserhöhungen nachgedacht werden. Die zuletzt genannte Möglichkeit ist als Korrektiv aber nicht einsetzbar, weil Beitragserhöhungen zu unzumutbaren Belastungen und entsprechenden Ausweichreaktionen bei den Beitragszahlern führen – Stichwort Schwarzarbeit.

Ökonomen fordern deshalb schon lange, das Problem an der Wurzel zu packen und das Rentensystem sukzessive auf Kapitaldeckung umzustellen. In einer Reihe von Ländern wurden erste Schritte in diese Richtung bereits gegangen. Gleichwohl mischen sich zunehmend Stimmen in die Diskussion, die auch für die kapitalgedeckte Vorsorge demographisch bedingte Engpässe prognostizieren: Wenn die geburtenstarken Jahrgänge ins Rentenalter kämen und ihre Ersparnisse auflösten, würden die Kurse an den Wertpapiermärkten und die Preise auf den Immobilienmärkten einbrechen. Deshalb sei auch das kapitalgedeckte Rentensystem – so wird befürchtet – keine angemessene Antwort auf eine alternde Gesellschaft. Allerdings wird hierbei nicht berücksichtigt, dass erstens die erhöhte Kapitalbildung zwischenzeitlich das Wachstum ankurbelt und die Volkswirtschaft deshalb ein höheres Wohlstandsniveau erreicht und zweitens die Zeiten geschlossener Volkswirtschaften vorüber sind. Europäer können für ihre Altersversorgung den globalen Kapitalmarkt nutzen und dadurch Wachstum in den heutigen Entwicklungs- und Schwellenländern fördern, die dringend auf ausländisches Kapital angewiesen sind.

Völlig übersehen wird in der Diskussion über Kapitaldeckungs- vs. Umlageverfahren der Langfristeffekt, dass diese unterschiedliche Rückwirkungen auf die Leistungsbereitschaft und das Investitionsverhalten haben. Bei kapitalgedeckten selbstverantworteten Systemen steigt der Arbeitseinsatz und steigen die Finanzierungsmöglichkeiten vor allem für risikoreichere Investitionen. Damit ist der Wachstumspfad steiler.

X.

Trotz aller Veränderungen, die von der Globalisierung ausgehen werden, wird deren Wucht doch gelegentlich überzeichnet. Sinkende Transaktionskosten werden zu keiner völlig neuen Weltordnung führen, denn nicht alles ist so anonym und so mobil wie Finanzkapital. So haben z. B. Arbeitnehmer ein gesellschaftlich-soziales Umfeld, das sie nicht achtlos aufgeben, nur weil die Steuersätze im Ausland marginal niedriger sind. Soziale Bindungen werden auch künftig für gesellschaftlichen Zusammenhalt sorgen, Traditionen werden weiter gepflegt werden. Modernes Nomadentum ist daher nicht das einzige Karrieremodell.

Auch für Unternehmen gilt, dass sie ihren Unternehmenssitz nicht friktionslos verlegen können und auch nicht verlegen wollen. Zwar gewinnt – in Anlehnung an Albert O. Hirschmann – die Exit-Option gegenüber der Voice-Option an Gewicht, allerdings wird die Option hauptsächlich in größere Verhandlungsmacht gegenüber den nationalen Regierungen umgesetzt werden. Die Globalisierung der Märkte wird also eher dazu führen, dass der Staat gezwungen wird, wirtschaftlich attraktive Rahmenbedingungen zu schaffen, als dass es zum Unternehmensexodus kommt. Zudem müssen Unternehmen auf den Märkten ihrer Kunden präsent sein, denn nicht alle Güter und Dienstleistungen lassen sich digitalisieren und damit in der Informationsgesellschaft zu jedem Punkt des globalen Dorfes bringen. Anonymität mag in der *New Economy* und im *E-Business* akzeptabel sein, in der traditionellen Wirtschaft, die auch in Zukunft den Kern wirtschaftlicher Aktivität darstellen wird, werden persönliche Kontakte unabdingbar bleiben. All dies spricht dafür, dass trotz sich schnell wandelnder Rahmenbedingungen Regulative wirksam bleiben, die auch künftig als Bremse in der Globalisierung wirken.

Die Angst vor einem »Race to the bottom« in der Sozialpolitik scheint mir weitgehend unbegründet, weil ein richtig konzipierter Sozialstaat Produktivfaktor und nicht Hemmschuh einer Volkswirtschaft ist. Zweifelsohne werden viele der derzeitigen sozialpolitischen Regelungen den Angriff der Globalisierung nicht überstehen. Im Wettbewerb der Sozialsysteme werden aber die Regelungen bestehen, die ihren Zweck erfüllen, nämlich die wirklich Hilfsbedürftigen zu unterstützen und damit das System zu stabilisieren.

XI.

In der Finanz- und Wirtschaftskrise mit ökonomischen Krisen auch in vielen Haushalten ist die Forderung nach mehr Gerechtigkeit in den Gesellschaften nur zu verständlich. Der Staat kann in stürmischer See jedoch lediglich das Steuer festhalten, um das Schiff auf Kurs zu halten. Die See zu glätten wird ihm nicht gelingen. In der arbeitsteiligen Weltwirtschaft wird es also ein »Auf und Ab« geben; die Dynamik als Resultat der Globalisierung ist unzweifelhaft. Globalisierung zu stoppen wird nicht gelingen.

Dem Verlangen nach Gerechtigkeit wird die Politik am besten nachkommen, indem sie den Sozialstaat so umbaut, dass er die Anforderungen der Globalisierung und der Alterung der Gesellschaft bewältigt. Eine Reform des Sozialstaates muss zunächst die ökonomischen Anreize stärken. Es geht nicht darum, den Wohlfahrtsstaat abzuschaffen, sondern ihn effizient und finanzierbar zu machen. Eine Grundsicherung ist dabei ein wichtiger Eckpfeiler des marktwirtschaftlichen Systems. Der Leistungswettbewerb gewinnt nach den Vordenkern der Sozialen Marktwirtschaft seine Legitimation sogar dadurch, dass er ergänzt wird durch soziale Absicherung der Beteiligten, die in diesem Wettbewerb nicht mithalten können.

Die Politik kann mit punktuellen Änderungen der bestehenden Regelungen auf die Herausforderungen der Globalisierung reagieren und damit größeren Schaden abwenden. Ohne ein gründliches Umdenken, ohne einen Paradigmenwechsel in der Sozialpolitik werden wir aber nur eine Verwaltung des Mangels erleben. Erst wenn eine breite Öffentlichkeit verinnerlicht hat, dass soziale Absichten noch keine sozialen Ergebnisse hervorbringen, sondern oft das Gegenteil bewirken, sind die Voraussetzungen für grundlegende Reformen geschaffen.

Wenn behauptet wird, die Globalisierung sei in erster Linie ungerecht und verteile von unten nach oben, so ist diese These abzulehnen. Gerade die Bevölkerung der Schwellenländer profitiert von der zunehmenden ökonomischen Verflechtung und rechtfertigt damit auch aus ethischen Gründen die Globalisierung als einen wünschenswerten Prozess. Aber sie fordert auch auf zur Leistungsbereitschaft im weltweiten Wettbewerb und ermuntert zu mehr Selbstverantwortung und Flexibilität. Diese Umstellung fällt vielen – insbesondere in den Industriestaaten – bis heute schwer.

Quellennachweise

Kapitel 1
Marktwirtschaft –
nicht ohne Ethik, nicht ohne Regulierung
Der Text basiert auf einem Vortrag im Rahmen der Berliner Reden zur Religionspolitik am 7. Oktober 2009 in Berlin.

Kapitel 2
Familienwert kontra Börsenwert
Der Text basiert auf einem Vortrag auf dem 3. Kongress christlicher Führungskräfte am 16. Januar 2003 in Hannover sowie einem Update für die Netzwerkveranstaltung »Erfolgsfaktor Familie« am 01. April 2008 in Berlin.

Kapitel 3
Deutschland ohne Wahl – kein Aufschwung ohne Werte
Der Text basiert auf einem Vortrag auf dem »Frankfurter Forum« der Komturei »An Rhein und Main« am 19.11.2002

Kapitel 4
Die Globalisierung – Neue Chancen durch Wandel
Der Text basiert auf einem Vortrag im Rahmen des Top Management Symposiums des Universitätsclub Klagenfurt im Mai 2003

Die »Berliner Reden zur Religionspolitik« werden vom *Program on Religion and Politics* an der Humboldt-Universität zu Berlin veranstaltet. Das im Jahre 2004 ins Leben gerufene Programm geht davon aus, dass trotz der Trennung von Kirche und Staat Religion und Politik einander nicht ignorieren können. Das erfordert von Seiten des Staates eine aktive Religionspolitik, die Religionsfreiheit gewährleistet und von den Religionsgemeinschaften eine politische Ethik, die pluralismusfähig ist.

Ein Forschungsschwerpunkt der vergangenen Jahre war die Untersuchung transatlantischer religionspolitischer Paradoxien, aber auch die Frage, welche Risiken von Religionen ausgehen. Die Professoren Dietrich Benner, Andreas Feldtkeller, Herfried Münkler, Rolf Schieder, Bernhard Schlink, Richard Schröder und Johannes Zachhuber (Oxford), die Privatdozenten Karsten Fischer, Nils Ole Oermann sowie die wissenschaftlichen Mitarbeiter Katja Guske, Jakob Nolte, Dagmar Pruin und Joachim Willems tragen zur Zeit das Programm (www.religion-and-politics.de).

Religionsökonomischen Fragen widmet sich das *Program on Religion, Politics and Economics*, das von Rolf Schieder und Nils Ole Oermann geleitet wird. Jährlich findet die Haniel Summer School on Religion, Politics and Economics an der Humboldt-Universität statt, die Schnittflächen zwischen Religion und Ökonomie erforscht. Sowohl die Summer School als auch die »Berliner Reden zur Religionspolitik« werden von der Haniel Stiftung gefördert.

Auch diese Publikation erfolgte mit freundlicher Unterstützung der

HANIEL STIFTUNG